アプパ

森と海と人びと

村井吉敬

めこん

パプア——森と海と人びと

目次

パプア全図

南太平洋
マノクワリ
ビアク島
パプア州
ビアク
パダイド諸島
ヤペン島
サルミ
チェンドラワシ湾
マンブラモ河
ジャヤプラ
パプア・ニューギニア
ナビレ
バリエム渓谷
ワメナ
ジャヤ山
スディルマン山脈
ジャヤウィジャヤ山脈
トゥンバガプラ
ティミカ
アガツ
ドボ
フライ河
タナ・メラ
アラフラ海
アル諸島
メラウケ

ティドレ
アユ諸島
ワイゲオ島
ハルマヘラ島
バタンタ島
ソロン
サラワティ島
ドベライ半島
ラジャ・アンパット諸島
ミソール島
西パプア州
ビントゥニ湾
バボ
ファクファク
セラム島
マルク州
ケイ諸島
タニンバル諸島
州境
国境

はじめに——トリバネアゲハ、ビンロウジ、パペダ、OPM

日本ではワニやイグアナが街を歩いてニュースになる。アジアアロワナが密かに売られたり、絶滅危惧種が平然と出回ったりしているクニでもある。東南アジアにも日本人目当てのたくさんの密売業者がいる。かつて、わたしのところに、少々あやしげなインドネシア人が剥製前のゴクラクチョウ数十羽を売りに来たことがあった。おそらく本書の舞台「パプア」で密猟されたものだろう。アタッシュケースにしまってあったゴクラクチョウは惨めな姿だった。

「パプア」といえばゴクラクチョウがいる。そして、トリバネアゲハがいる。蝶愛好家なら誰もが獲ってみたい蝶である。インドネシア領に属するニューギニア島西部のパプアや、それと接した独立国パプア・ニューギニア、さらにその周辺の島じまに生息する絢爛豪華な蝶がトリバネアゲハである。トリバネアゲハといっても一種ではない。トリバネアゲハ類には四属、六亜属、二九種、一一八亜種があるとされている。黒地に金属光沢の緑色や青、朱などが映える。人間とは逆(?)のようだが、雌は大型だがずっと地味である。このトリバネアゲハも実は「御禁制品」、ワシントン条約で国際取引が禁止されている。今は人工飼育標本が大量に出回っているという「厄介な商品」である。

わたしはかつて蝶を収集していた。今ならあまり感心されない趣味である。

パプアーの大河
マンブラモ河は穏やか
(1998.8.9)

メガネトリバネアゲハ

タバコをやめるずっと前にやめてしまった。博物学者・進化論発見者として名高い英人アルフレッド・ウォーレスは、インドネシアのバチャン島でトリバネアゲハを初めて獲った時(一八五八年)「その華麗な翅を拡げんとした瞬間、私の心臓は激しく鼓動し、血が頭にカッとのぼり、ほとんど失神せんばかりか、このまま死んでしまうのではないかとさえ思った」と記している(『マレー諸島——オランウータンと極楽鳥の土地』(上・下)新妻昭夫訳、ちくま学芸文庫、一九九三年)。

この本の翻訳者である新妻昭夫さんと一緒にパプアの南にあるアル諸島を歩いていた時、初めて目の前に飛来したメガネトリバネアゲハ(*Ornithoptera priamus hecuba*)に出会った。一九八八年八月、二人とも捕虫網を持っていた。新妻さんが雄二頭をゲット。わたしはゼロ。悔しい思いをしたが、その後訪れたケイ諸島でわたしも無事ゲットした。心臓がやはり激しく鼓動し、血が頭にのぼった思いがある。

憧れのトリバネアゲハだったが、パプアに足繁く通うようになってから、憧れの気持ちは薄らぎ、日本でいえばアゲハチョウやクロアゲハを見るのとさして変わらなくなってしまった。

ここにいう「パプア」というのは、世界地図でいうと、日本のほぼ真南、赤道直下にある世界で五番目に大きな島ニューギニア島の西半分のことである。国家でいうとインドネシア共和国に属している。東は「パプア・ニューギニア」という独立国である。「パプア」と「パプア・ニューギニア」とは別の国になる。間違えないようにしたい。

ニューギニア島は文化圏でいえばメラネシア文化圏で、民族グループも動植物相も似通っている。トリバネアゲハも当然のようにパプア・ニューギニアにもいる。

わたしはパプア・ニューギニアには一九九〇年七月に行った。パプアに行く三年ほど前である。その時訪れたニューブリテン島のウラモナ（Ulamona）のカトリック神父の館に立ち寄ったことがある。小さいが瀟洒な邸宅の前庭にはブーゲンビリアやハイビスカスが咲き乱れ、柑橘類の木が茂り、ピンクの花がこぼれるように咲いた木もあった。見ているとメガネトリバネが次々に舞い降りてきた。オスもメスもいる。神父さんの目をかすめてトリバネをゲットした。あまりたくさんいると実はどうでもよくなって、神父の館で出された、じゃがいもシチューとソルティソーセージに気が移った。手製のパンまで出てくる。アイスクリーム、パパイヤ、バナナもデザートに出てくる。なんとまあ贅沢なことだろう。トリバネアゲハとともにあの時食べた生ハムの味が忘れられない。トリバネアゲハ「密猟」に気づかったのだが、ここの神父さんは、熱帯材の伐採、製材を手がけ、日本への輸出もしているという。トリバネアゲハをとっても怒る気配もない。

憧れは薄れたとはいえ、今でもトリバネアゲハにはやはり胸が時めく。特にアレキサンドラトリバネアゲハ、ゴライアストリバネアゲハ、ゴクラクトリバネアゲハなど美しく珍しいものはいつも見たいと思っている。NGOが珍しいトリバネアゲハを商業的に飼育して売っているところもある。

もう一つ、パプアといえばビンロウジ（檳榔子、*Areca catechu L.*）を噛む習慣がある。ヤシの一種であるビンロウジの小さな実を、キンマ（コショウ科の植物）の葉や房と、さらに石灰と一緒に噛むのである。苦いだけでおいしいものではないが、パプアでもパ

右：剝製になったゴクラクチョウ
左：トリバネアゲハを
飼育して売りだすNGO
（1996.3.22、マノクワリ）

プア・ニューギニアでも実に多くの人がビンロウジ(インドネシア語でピナンpinang)を噛んでいる。この三つを噛み合わせるとやがて唾液が真っ赤になってくる。これを嚥下してはいけない。ペッと吐き出すのだ。これが問題になる。家の中などで吐き出されたら床が真っ赤になる。血のようだ。コンクリートの道路もひどいことになる。ポートモレスビーでは野外の吐きだしが禁止になっている。パプアの飛行場でもビンロウジ噛みは禁止されていた。

このビンロウジ+キンマ+石灰噛み(betel chewing)はパプアに限らない。台湾にもあるし、インドにもある。太平洋の島じままでも一般的である。わたしはパプア以外のインドネシア各地も訪れているが、パプアほどビンロウジ噛みを見かけない。パプアに行くとそこいらじゅうでビンロウジ三点セット(ビンロウジ、キンマ、石灰)が売られている。町の路傍ではビンロウジの実を五個くらいの小さな山にして五セットくらい売っている子どももいる。人の家を訪問する時はビンロウジを土産で持っていったりする。わたしも何度か噛んでみたが習慣化するには至っていない。なぜ噛むのか。気分が高揚するのだ。それが習慣化するのである。女性でも習慣化している人がたくさんいる。笑うと口が真っ赤、すこしぞっとしてしまう。

パプアのNGOのスタッフと住民を招いて日本で環境問題のシンポジウムを開いたことがある。驚いたことにパプアからの参加者がビンロウジを持参してきた。こんなにパプアの人が愛好するビンロウジをわたしたちはほとんど知らない。

ビンロウジ売りはどこでも、どんな小規模でも
(2005.8.14)

上：パペダ料理
（2004.8.12、ファクファクの食堂）
下：サゴヤシの木
（2005.8.12、アマイ）

パプアの海岸部の人の伝統的な主食はサゴヤシでんぷんである。サゴヤシについてもわたしたちはほとんど知らない。

サゴヤシは幹の太さが三〇～四〇センチにもなる巨きなヤシである。その樹幹を砕いて、水にさらすとでんぷんがとれる。このでんぷんを水で溶いて、鍋などに入れ加熱しながら透明になるまで練る。葛湯のようなものだ。これをそれぞれの家で作るスープに浸して食べる。魚スープ、酸味の強いスープ、辛みの効いたスープなどさまざまだ。「パペダ」と呼ばれるサゴヤシの料理はパプアでは欠かない食べ物だ。

トリバネアゲハ、ビンロウジ、サゴヤシのパペダに次いで最後の話題はパプア独立問題である。政治的に微妙な問題だが、パプアの人びとの多くはいまだにインドネシアからの分離独立を望んでいる。

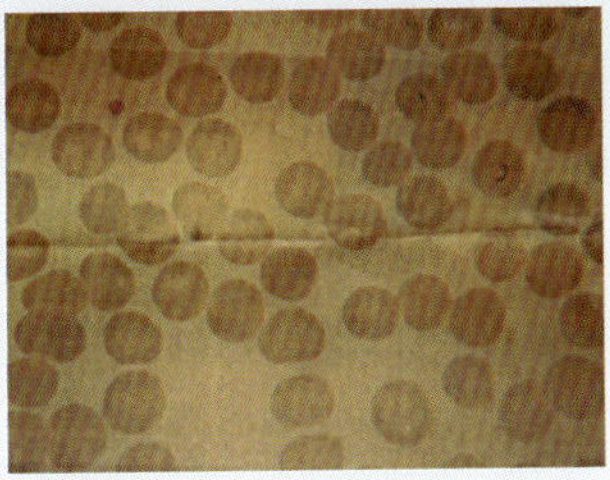

わたしの体内にいた熱帯熱
マラリアの原虫
（2004.8.28、琉球大病院）

パプアの人にとっては独立を願って闘うゲリラ組織ＯＰＭ（自由パプア運動。自由パプア組織ともいわれる）の存在は希望でもあり、危うい存在でもある。

パプア人はジョークで「パプア人はみなマラリア、パプア人はみなＯＰＭ」とよく言う。インドネシア関係者に対しては滅多に言わないが、時にはＯＰＭをOperasi Penyakit Malaria（マラリア撲滅作戦）などと言いかえて大笑いすることもある。

わたしは、二〇〇〇年六月二日夜、大発熱をした。三九・五度。記録的な熱だ。体温計を落として壊してしまったので、それ以降の体温は測れなかった。二度目のマラリアだ。最初になってから約二〇日経っている。午前中、最初にマラリアの薬をもらったアベプラ（州都ジャヤプラ郊外）の薬局に行った。今度は検査をせず、直接医者もどき氏に会い、どうやらまたマラリアになったようだと言ったら、ベッドに寝かされ、おなかを押さえられたり、のどの奥を覗かれたりされた。「蚊にしょっちゅう刺されているか？　この前の薬は最後までちゃんと飲んだか？」などと聞かれただけで、あとはこの前と同じ薬を出された。

この中国系の医者もどき氏は、話し好きの人で、わたしの病状などお構いなしに、他の患者もたくさん待っているのに、なんと一時間もパプア独立について講釈をした。彼は中国系だが、パプアの人が独立を願うのはよく分かる、インドネシアはこの土地で本当にひどいことをしてきたと、長々と話した。こちらは熱もあり、悪寒がするのに、さっぱりそのことを気にしてくれない。

最初の二度のマラリアは三日熱マラリアだったが、その後、沖縄で発症することになるマラリアは熱帯熱マラリアで油断できないものだった。

パプア旗と中央ネクタイ姿の
民族運動指導者セイス・エルアイ氏
（2000.3.29、パプア大会議にて）

二度目の時、おりしも、ジャヤプラでは全パプアの慣習法長やその支援団など総勢数千人が集まり、第二回パプア大会議が開催されていた。わたしもマラリアを押して会議をのぞいてみた。当時はパプア問題に前向きな発言をしていたアブドゥルラフマン・ワヒドが大統領の時代で、パプアという呼称や、パプア旗の掲揚（インドネシア旗と併用が条件）まで認めていた。この会議ではやはり「独立」が議論され、ジャカルタ政府はかなり神経質になり、アルウィ・シハブ外相（当時）は、分離独立などあり得ない、外国人が参加しているのは問題（ちょっとのぞいただけのわたしも含めて…）、などと発言したことがＴＶで放映されていた。警察機動隊（Brimob）もかなりたくさん集結していた。

あの時の熱は少し冷めてきているとはいえ、パプアの人びとにとって独立はおそらく永遠に心から去らぬ問題かもしれない。

パプアにはさまざまな切り口、見方がある。わたしは二〇年ほどパプアを行き来してきた。パプアのとりこになったからである。日本より広いパプアだからまだ行っていないところもたくさんある。しかしこのあたりでわたしの見た、わたしをとりこにしたパプアを写真とともにここに報告しておきたい。写真はすべてわたしの撮った写真で、二〇〇二年以後はほとんどがデジカメの写真である。

第一章

パプアに行った

1 サシについては127ページ参照。詳しくは［村井吉敬、1998］を参照されたい。

2 YPMD（村落発展財団）は、ジャヤプラ郊外コタバルで1985年に設立されたNGO。

3 WALHI（インドネシア環境フォーラム）は、1980年に創設された全国規模の環境NGO。当初はGroup10（Kelompok10）と呼ばれる環境団体の集合体だった。

サシを見に行く

ともかくも「現場」に行ってみるのがわたしの流儀である。「サシ」[1]はパプア（当時の呼称はイリアン・ジャヤ）にもある。サシというのは東部インドネシアのマルク地域で行なわれてきた魚やヤシの実などを禁漁、禁採取にする習慣である。わたしはそのことに大きな関心を寄せてきた。住民による資源の自主管理、という言葉が当てはまるかもしれないが、実はそれでは不十分なことが後にわかってきた。詳しくは述べないが、近代的なタームでの資源の自主的なコモンズの保全は結果として達成されるのであって、サシの目的は共同体にとって、本来は死者を悼むなどの宗教的な行為に近いと考えられる。

サシがパプアにもあるということを、はじめに教えてくれたのはジャヤプラのNGOであるYPMD（村落発展財団）で働いていたフィンと、全国NGOであるWALHI[3]（インドネシア環境フォーラム）のサンドラだった。一九九二年三月のINGI[4]（インドネシア国際NGOフォーラム）神奈川会議の最中だった。同じ年の一二月、PP[5]

YPDM事務所

*Kabar dari Kampung*の表紙
（1998年6月号）

21（ピープルズプラン二一世紀）の総括会議がバンコクで開かれた。この時にも、サシの話をパプアの女性（イブ・ヨヨ）から聞いた。サシはNGOが関心を持つテーマだということもわかってきた。そして、翌年九三年二月、パプアのサシの「現場」に行くことになった。その時以来、わたしのパプア通いが続いている。

パプアでは有数のNGOであるYPMDの事務所は州都ジャヤプラ郊外のコタバルにある。そこに行ってみて驚いた。豪邸のような事務所には二一人もの有給スタッフがいた。図書資料室も充実している。そこには、*Kabar dari Kampung*（ムラ便り）という、うれしくなるような名前の機関誌があった。NHKの番組「昼の憩い」の香りがする。ややこしい抽象論でなく、村の人びとが直面する問題が具体的に報告されている。トミー・ワクムというスタッフが図書の事務をやっていて、彼は初対面のわたしに本当に親切にしてくれた。山のようにサシの資料を紹介してくれ、その上、スタッフのロナルド・クレイと一緒にパプアでのサシの講義をしてくれた。

ロナルド・クレイはわたしをサシの「現場」に連れていってくれた。パプアで初めての野外観察行動だ。デパプレ郡エンティエボ村（通称タブラヌス）がその「現場」である。遠足気分だ。YPMDの事務所からはミニバスを乗り継ぎ、最後は山道を歩いておよそ四時間もあれば到着する。センタニ空港を過ぎると、ほとんど集落がなくなる。唯一、新開地のマリブという比較的大きな集落があるのみ、あとは軍の施設がやたらに目立つ。集落近くには

4　INGI（インドネシア国際NGOフォーラム）は、インドネシア債権国会議（IGGI、のちにCGI）に対抗して民衆の側からインドネシアへの援助、債務の問題に取り組むNGOの集まりで、多数のNGOが集まって1985年に創設され、その後INFID（International NGO Forum on Indonesian Development）と改名し現在に至っている。事務所はジャカルタ。

5　PP21（ピープルズプラン21世紀）は1989年に日本およびアジアの人びとが共に築く未来を語り合うために企画された大規模な民衆行事（People's Plan for 21st Century）。92年にバンコク、96年にカトマンズでも開催されている。

上：軍監視ポスト近くから
タナメラ湾を望む
（1994.7.31）
下：軍の監視ポスト
（1994.7.31）

やはりサゴヤシが多い。右手にはバボコ山（二一五八メートル）や、ダフォンセロ山がそびえている。ここの人はこの山々をまとめてシクロプス山と呼んでいる。

海岸が見下ろせる見晴らしの良いところに軍の監視ポストがある（二〇〇〇年代初期に撤去された）。タナメラ湾は群青、浜の近くは珊瑚と白い浜、浅瀬はエメラルド・グリーン、若草色の草地と、濃い緑の原生林、あまりの美しさに息をのむほどだが、軍のポストが重苦しかった。ガイジンであるわたしはもちろんだが、地元のどんな人もこのポストでミニ・バスを降ろされ、身分をチェックされる。いやーな感じである。ジャワではこんなことなどできようもないのに、パプアでは平然とまかり通っている。パプア人は明らかに「お上」に監視され、差別されている。

そもそも余所者がパプアを歩くには警察の発行する通行許可証（Surat Keterangan Jalan/Travelling Permit）が必要になる（写真）。これは国家警察本部諜報局が外国人に対して発行するもので、ガイジンがパプアに行く時に必要になる。わたしはジャカルタの警察本部でこの書類を発行してもらったが、パプアのいくつかの主要都市（ジャヤプラ、ビアク、マノクワリなど）の警察諜報部でも発行してくれる。九三年二月に国警本部に行った時は、案外とあっさり発行してくれた。警察諜報部というのは公安警察のようなもので、インドネシアの活動家はこれをインテルンと呼んで怖れている。

通行許可証を取るには、パスポートのコピー、写真二枚（なぜか、写真のバックは赤にしなければならない）、申し込み用紙だけで三〇分もかからずにできた。びっくりしたことに一銭も取らなかった。旅行目的、旅行地、日程などがここには書かれ、それぞれ訪問地に行った時に、この通行許可証を警察に示し裏書をしてもらわなければならない。インドネシアのほかの土地ではこのような通行許可証は求められることはない。

ジャヤプラ近郊
トバティ湾の絶景
（1994.7.30）

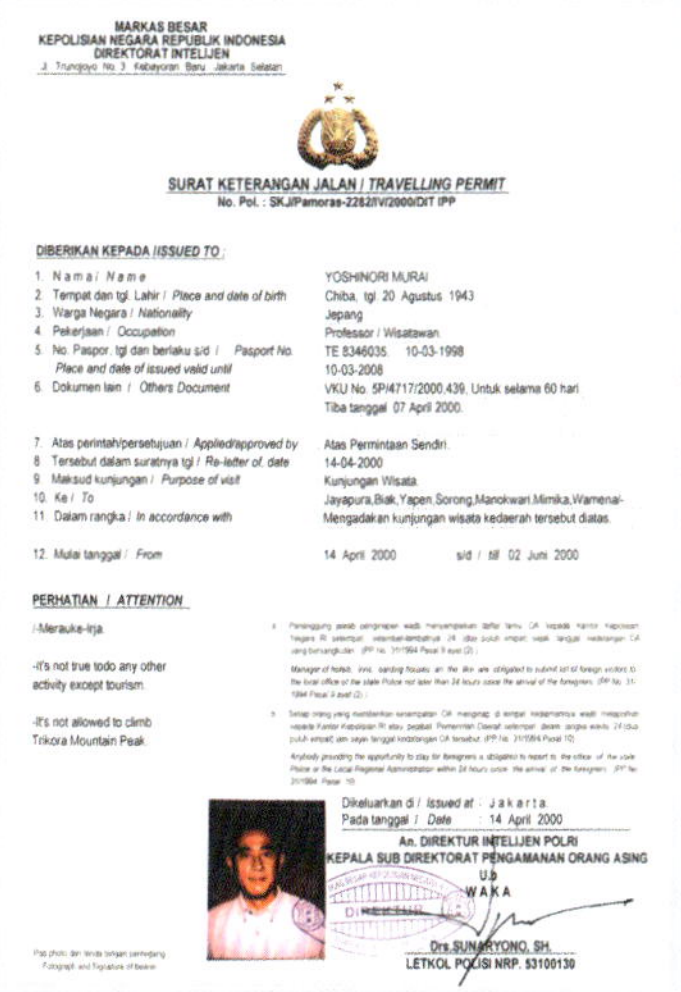

MARKAS BESAR
KEPOLISIAN NEGARA REPUBLIK INDONESIA
DIREKTORAT INTELIJEN
Jl. Trunojoyo No. 3 Kebayoran Baru Jakarta Selatan

SURAT KETERANGAN JALAN / *TRAVELLING PERMIT*
No. Pol. : SKJ/Pamoras-2282/IV/2000/DIT IPP

DIBERIKAN KEPADA /*ISSUED TO* :

1. Nama / *Name*	YOSHINORI MURAI
2. Tempat dan tgl. Lahir / *Place and date of birth*	Chiba, tgl. 20 Agustus 1943
3. Warga Negara / *Nationality*	Jepang
4. Pekerjaan / *Occupation*	Professor / Wisatawan
5. No. Paspor, tgl dan berlaku s/d / *Pasport No. Place and date of issued valid until*	TE 8346035. 10-03-1998 10-03-2008
6. Dokumen lain / *Others Document*	VKU No. 5P/4717/2000.439, Untuk selama 60 hari Tiba tanggal 07 April 2000.
7. Atas perintah/persetujuan / *Applied/approved by*	Atas Permintaan Sendiri.
8. Tersebut dalam suratnya tgl / *Re-letter of. date*	14-04-2000
9. Maksud kunjungan / *Purpose of visit*	Kunjungan Wisata.
10. Ke / *To*	Jayapura,Biak,Yapen,Sorong,Manokwari,Mimika,Wamena/-
11. Dalam rangka / *In accordance with*	Mengadakan kunjungan wisata kedaerah tersebut diatas.
12. Mulai tanggal / *From*	14 April 2000 s/d / *till* 02 Juni 2000

PERHATIAN / *ATTENTION*

/-Merauke-Irja.

-It's not true todo any other activity except tourism.

-It's not allowed to climb Trikora Mountain Peak.

Dikeluarkan di / *Issued at* : Jakarta.
Pada tanggal / *Date* : 14 April 2000

An. DIREKTUR INTELIJEN POLRI
KEPALA SUB DIREKTORAT PENGAMANAN ORANG ASING
U.b
WAKA

Drs.SUNARYONO, SH.
LETKOL POLISI NRP. 53100130

ジャカルタの中央警察で発行された
わたしの通行許可証

のどかだった
デパプレの渡し
（1996.8.6）

デパプレから船で30分ほど。
タブラスパの水上家屋
（1993.2.12）

シクロプス山
（標高2158メートル）を望む
（2004.8.11）

郡役場のあるデパプレ町の入り口には郡単位の警察司令部もある。ここでクルマを降り、クレイがわたしの持参してきた通行許可証を提示する。無事通過。カード遊びにふけっている警察官もいる。通行許可証はここに預け、帰りにまた返してもらうことになる。つまり帰りの報告もしなければならない。ここの警察には、後に知り合うアモスさんがいた。アモスさんは自らを「NGO警察」と冗談めかして言ったりする「話のわかる」警察官だった。今は弁護士になっているが、まだ警察官舎に住んでいる。

デパプレ郡には一一の村（desa）があり、二三の集落（dusun）に分かれている。ここワイヤ村の集落の一つワウナの集落長デメントウさんの家に立ち寄る。この人がこれから乗る舟の所有者だ。「デパプレの渡し場は気持ちの良いところだ。木造の埠頭が数十メートルほど海に突き出ている。左右は緑の山並み、海は青い。船が一〇隻ほど横付けになっている。大きな、底の深く切れたダブルアウトリガー船[6]だ。そのうちの一つに、デメントウさんの子ども二人と操舵手が乗る。

デパプレの渡し
（1996.8.6）

6　ダブルアウトリガー船は腕木が左右の舷側から張りだした船で、安定性を保つためといわれている。

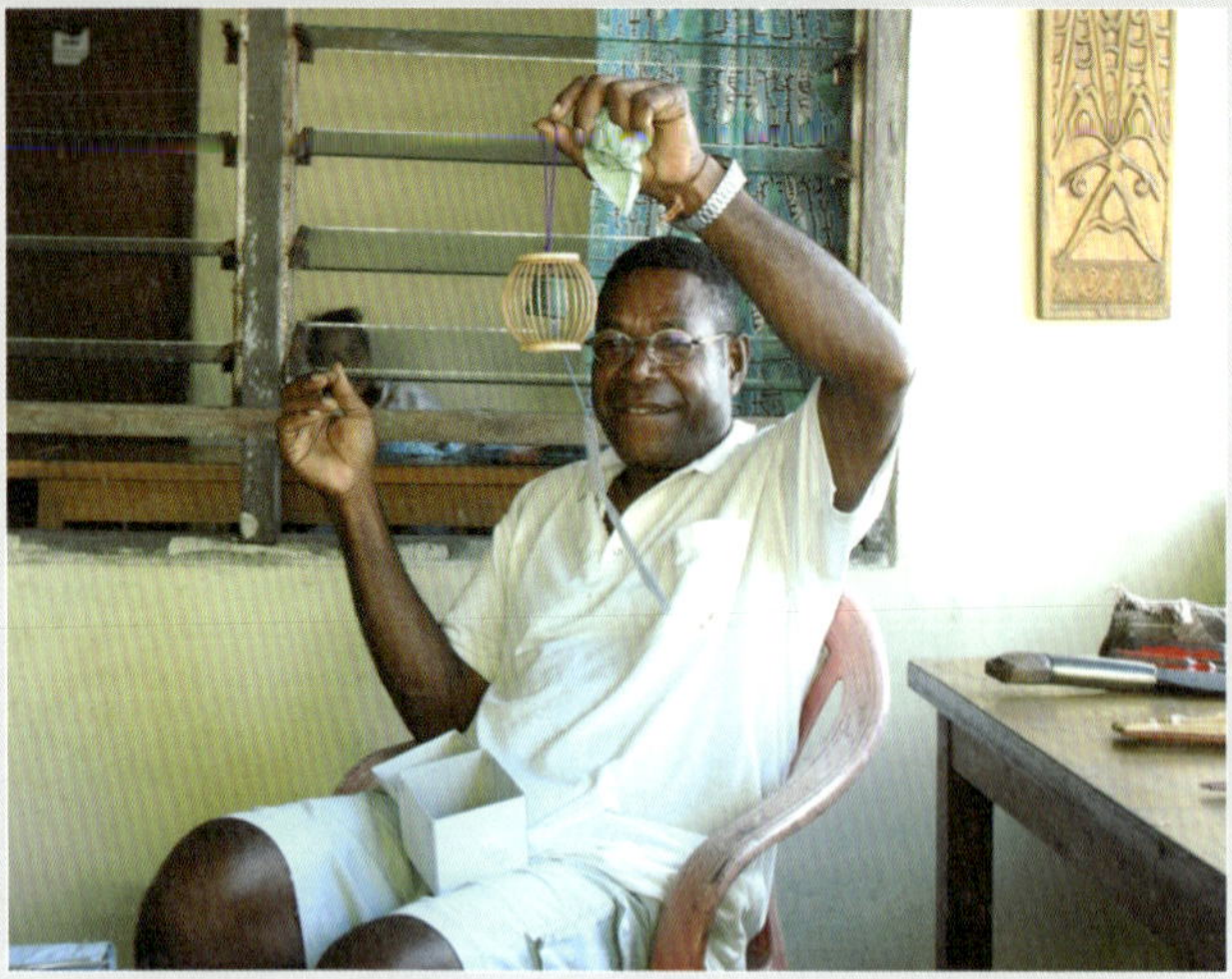

上：ペトルス村長、彫刻は自作（2003.8.4）
下：ペトルスさんの家の家宝。

この船はヤマハの四〇馬力エンジンを搭載している。まずタブラヌスの向かい側のタブラスパ村に行く。約三〇分の船旅。海も岩礁も木々の緑も美しい。別天地のようだ。タブラスパ村の家は一〇〇軒くらいだろうか。ほとんどが海上家屋だ。スラウェシ島などに居住するバジャウ[7]の人びとの家もほとんど海上家屋で、それを思い出した。クレイさんが長老を集めてくれた。長老たちがわたしのためにサシ（ここでは「ティアイティキ」という）の話をしてくださった。

タブラヌス村

ここからデパプレの渡し場に戻り、そこからは山道を歩いてタブラヌス村に向かった。もう午後二時半、雨が降ってきた。崖淵の切り立った山道を少し難儀して歩く。舟でも行けるがクレイは山道を選んだ。午後四時前にタブラヌスに着いた。村長のペトルス（Petrus B.Soumilena）さんの家に落ち着く。ここにはパプアで名の通った日本人牧師の渡辺信夫氏[8]一行が来たことがあるという。ペトルスさんは子どもたちに命じて庭のココヤシを落させ、パラン（山刀）で口を開けて飲ませてくれる。

ペトルスさんは四〇歳台後半（当時）の精悍な感じの人だ。村の中をペトルスさんが案内してくれる。夕食はパペダ（一〇ページ参照）、

7 バジャウはフィリピン南部、インドネシアスラウェシ島周辺などの海上に生活してきた人びと。今は家舟生活者はまれで、ほとんどが海上の杭上住宅や陸上に暮らしている。ビルマ南部、タイ南部のアンダマン海やリアウ・リンガ諸島周辺に居住する海洋民もいるが、これらの人はバジャウと呼ばれてはいない。

8 渡辺信夫氏は神学者、牧師で東京告白教会創設者。パプアに関して『イリアン・ジャヤへの道』（新地書房、1987年）がある。

それにサワラ、タロイモ。夜も一〇時ころまで、村長から魚捕りやティアイティキ（禁漁）の話をたっぷり聞かせてもらう。

石ころだらけの土間の寝室に寝る。夜半、激しい雨がトタンの屋根を打ちつける。蚊が多い。寝つけない。マラリア！　ふと思い浮かぶ。とりあえず薬は飲んだ。

ペトルスさんは村長でもあるが、「オンドワフィ」と呼ばれる慣習法長でもある。ティアイティキを指示できる人でもある。オンドワフィは霊力を備えた人物でもあり、ペトルスさんがトビウオ漁に出て、呪いを唱えると、トビウオは失神して浮かび上がるという。おどろくほど優しい声でトビウオを呼び寄せる歌を歌ってくれた。

タブラヌスに来たら時の流れがすっかり変わってしまった。パペダ、ティアイティキ、オンドワフィ、マラリア、トビウオへの呪文、トビウオを呼び寄せる歌、屋根をたたく激しい雨……、やがて深い眠り。パプアが体に入り込んできた。タブラヌスと村長のペトルスさんが、わたしのパプア通いの原点になった。

既に述べたが、わたしをここに連れてきてくれたのはYPMDのスタッフのロナルド・クレイであった。なぜYPMDはこの集落に関わるようになったのだろうか。YPMDはその名の通り、村落の発展に関わるさまざまなプログラムを実践している。ペトルスさんの村では、サシ（ここではティアイティキ）に着目し、それが環境保全の

ペトルスさん一家
（1994.7.31）

ペトルス村長夫人は
ブタの世話（2002.8.5）

海から見る
タブラヌス村の景観

役割を果たし、伝統的な慣習法組織を通じて村の活性化（エンパワーメント）につながると考え、支援しているのである。それだけではなく、水道を山から引いてくる、マンディ場（水浴場）を作る、トイレを作る、漁具を改良する、このような仕事を村の人びとと一緒にやる。些細なことかもしれないが大事なことだ。

実はパプアの村の抱える問題は相当に大きなものがある。ジャワ島からの移住者の急増、ジャワ島以外からもスラウェシのブギス人やブトン人の出稼ぎ、あるいは彼らによる海辺近くでの漁の問題もある。さらには村の人びとを精神的に圧迫する軍の監視ポスト、もっといえば、自分たちを無視した開発、こうした問題に多くのパプアの人びとは直面している。

日本では、パプアやニューギニアというと、残念ながら「野蛮」「石器時代」「コテカ」[9]「弓と槍」などの未開イメージばかりが伝えられている。ジャワ島などパプア以外のインドネシアにおいてすら、そのようなイメージがある。パプアの山の人びとが、どれほどかサツマイモの栽培に長けているか、狩猟民のマリン（Marind）の人びととの鹿笛を使った猟がいかに優れているのか、タブラヌスの刳《く》り舟に彫られた彫刻がどんなにか抽象図案を巧みに使うか、こうしたことはほとんど伝わっていない。暮らしの知恵や技術、そして芸術性をいかに持ちあわせようとも、パプアは「未開」で、開発の対象でしかない。

ワメナの
サツマイモ農家
（2008.3.5）

9　コテカ（koteka）は、パプアやパプア・ニューギニアのいくつかの民族グループの男性用下着である。日本では「ペニスケース」と呼ばれているが、英語では“penis sheath”と言われる。パプアでは山地民であるダニ、ラニ、ヤリなどの民族グループが身に着けていたことで知られるが、現在、その風習はほとんど消滅しつつある。コテカの原料は瓢箪の果実の中身をくり抜き乾燥させた筒状のものである。

10　この当時の為替レートは1ドルが約120円、約2000ルピア。

ビアク島へ

初めてのパプア、ジャヤプラに一週間ほど滞在したのち、ビアク島に向かった。ここでは、本当は、ルムスラム（Rumsram）というNGOとその代表のデキー・ルマロペンさんにお世話になるはずだったのだが、連絡がうまくとれず単独行動になった。デキーさんは後から登場するのでご期待を。

ビアク島は南の明るい島、というのがはじめの印象だ。ビアク空港から規定料金八〇〇〇ルピア[10]（四ドル＝四八〇円）のタクシーで、ジャヤプラで聞いてきた「ティタワカ2」というホテルに投宿する。九万六〇〇〇ルピアは少々高い気がするが、三食つきで新しくできた感じのいいこぢんまりしたホテルなので我慢する。パプアの物価はいつも高めである。

チェックインすると明るい島の感じに浮かれた気分になり、周囲を散策する。魚市場がすぐ近くにある。そのそばには造船所もある。大きなダブルアウトリガー船に、モーターをつけている。港はあるがどういうわけか中には入れてもらえない。インドネシアの近代的な港湾は閉鎖的である。南スラウェシの代表食チョト・マカッサルの小さな食堂がある。牛のモツ煮で、辛い香辛料サンバルと酢橘《すだち》（ジュルッ

ビアクの市場はいつも明るい（2005.8.5）

上:雨上がり、明るいビアクの町
(1993.2.16)
下:ビアク島蘭公園のヒクイドリ(火食い鳥)
(2003.8.10) 39頁の註14参照。

ビアクの土産屋、コテカもある（1993.2.18）

ク・ニピス）をかけて食べる。一杯一五〇〇ルピア。おいしい。ここはパプアだけどマカッサル人[11]、ブギス人、ブトン人も多いようだ。

魚市場のすぐそばには野菜、生鮮品を売る市場があったが、別の近代商品を売る市場もある。そこには土産品屋もある。観光客が来るようだ。木彫り彫刻、編み袋、貝、弓矢、コテカなどが陳列されている。オウムもいれば、カラフルなインコもいる。蛇も丸まっている。ナマコを店頭で干している海産物屋もある。

ホテルに戻る。夕食はエビ天、カツオ、野菜炒め、キクラゲとユバのスープ、卵焼き、クルプック（エビせんべい）、バナナとなかなか豪勢で味もよい。

夜八時過ぎ、別の少し大きなホテルの前庭で、日本人の戦争犠牲者慰霊団（岩手県出身者が多く総勢四五人）が催すパプア人の踊りがあるというので見に行った。踊りはなかなか見ごたえがあった。テンポの速い太平洋風のダンスだ。楽器はウクレレと太鼓。やや珍妙だったのは、パプア人のガイドが変な着物を着て、日本語をしゃべり、日の丸とメラプティ（インドネシア国旗）を振っていたことだ。こちらのほうが面白かった。見物人多数。慰霊団の日本人高齢者たちは素直に踊りを喜んで見ていた。中には若者たちと踊り、歌う人もいた。

第二次大戦（アジア太平洋戦争）では、ニューギニア島で実に多数の犠牲者が出ている。日

11 マカッサル人とブギス人は南スラウェシに居住する人びと、ブトン人はスラウェシ島南東部のブトン島出身者でいずれも東部インドネシアのマルクやパプアに出稼ぎに出る人が多い。

上：日本軍の戦争の残骸残るビアク島（1994.8.5）
下：ビアクの町中、壁に日本軍の戦争が描かれている（1994.8.5）

本本土以外の海外各戦域（硫黄島、沖縄を含む）における戦没者は約二四〇万人（朝鮮人、台湾人を含む〈以下同じ〉軍人軍属約二一〇万人、一般邦人約三〇万人）と公表されている。西部ニューギニア（パプア）だけで五万三〇〇〇人もの日本人（軍人・軍属・一般邦人を含む）が犠牲になっている。東部ニューギニアではさらに多く一二万七六〇〇人にのぼる。ニューギニア島全体で一八万六〇〇人になる。連合国（主にアメリカとオーストラリア）との戦闘が最も激しく戦われ、日本軍はひたすら敗走、その途次、飢えと病気（マラリア、赤痢、熱帯性潰瘍など）で犠牲になっている。無惨であり、惨めであり、戦争指導者への怒りが込み上げてくる。

ここビアク島でもアメリカ軍と激しい戦闘が展開された。ここには陸軍一万一二六七人、海軍一九四七人が配置されていた。一九四四年五月二七日、アメリカ軍がビアク島へ上陸、一ヵ月余りの戦闘で日本軍はほぼ壊滅、戦後の生還者は五二〇人だったという。アメリカ軍の戦死者は四七一人、戦傷者二四四三人であった。

ビアク島で痛感したのは、日本の戦争を直視しなければならないということだった。しかしどのような資料を探ろうとも、日本軍や米軍の犠牲者についてはある程度の数がわかるが、パプアの人の犠牲の実態はほとんど何もわからない。日本の慰霊団の人びとの慰霊ツアーに「文句」を言うつもりは毛頭ないが、まずパプアの人の犠牲に思いをはせるべきではないだろうか。

翌日、ここに来る日本人なら、誰もが行くことを勧められる場所に行くことにした。戦争がらみだ。

日本軍が立てこもった
日本洞窟脇に建立された慰霊碑
（2002.8.2）

日本洞窟脇の戦争展示館
（2002.8.2.）

日本洞窟（ゴア・ジュパン）と呼ばれるところである。日本軍が立てこもった巨大な洞窟で、ここには司令部が置かれていた。一ヵ月の抵抗の末この洞窟は陥落した。大きな洞窟で、内部はじめじめしている。まだ日本軍の飯盒なども残っている。遺骨の一部も出てきた。いまだたてこもった兵士の絶望的な思いが漂っているような洞窟である。壕の外には日本政府が一九五六年に建立した小さな慰霊碑がある。日本軍の武器、鉄兜、小機関銃等、赤茶けた兵器の残骸が並んでいる。壕の入り口と隔てて高屋根の展示館がある。ここにも赤茶けた武器などが並べられているが、アメリカ軍のものも一緒に展示されている。この展示館はパプアの人が運営している。

日本洞窟を見た後、少し郊外に足を延ばした。ビアク島北海岸のコレムという小さな町に、チャーターした乗り合いミニバスで出かけてみた。コレムの海岸は本当に美しい。清流が海にながれこむ町はずれでは、子どもと母親たちが水浴びしている。このきれいな水場のそばをトリバネアゲハが舞っている。ヤシの木陰では男たちがコレコレ（刳り舟）を製造中、女たちが茶を運んでくる。平和でのどかなビアクの風景がある。

だが一九九六年二月一七日、ビアク島北東六〇キロでM八・二の大地震が発生した。大きな津波も襲来している。わたしはこの地震のちょうど一週間前にビアク島にいた。日本まで小さいが津波が来た。コレムの町は壊滅した。さいわいわたしの知り合いで亡くなった人はいなかった。犠牲者は巨大地震・津波の割に少なかった（一五〇人ほど）。町では瓦礫が出たが問題になるほどではなかった。村や周辺の小さな島の人びとは、サゴヤシの葉、葉柄、竹、木材などで次の日から

上：1996.2.17のビアク島地震・津波で破壊された海岸地帯（1996.3.16）
下：ビアク地震後にすぐ家が建ち始めた（1996.3.16）

上下とも
アマイの海岸での
村落舞踊コンテスト
（2004.8.12）

家を作り始めていた。ＵＳＡＩＤ（米国際開発庁）もこれにはかなわない。
初めてのパプアの旅は、わたしを一挙にパプア贔屓にした。これまで西イリアンとかイリアン・ジャヤ、あるいはニューギニアなどと呼ばれてきたこの地のイメージを完全に覆した。早くもパプア通いの予感をもつことになった。

二〇年の旅

パプアへの旅はこうして始まった。

長い滞在でも三ヵ月くらい。通常は一週間から一ヵ月ほど滞在することが多い。平均すれば年一回、あわせて二〇回くらい通ったことになるだろうか。そのうち何回かは、私自身も属する日本のNGOの[12]インドネシア民主化支援ネットワーク（NINDJA）が企画したNINDJAパプアツアーで出かけている。

日本より大きなパプアだからまだいくつかの点を移動したにすぎないが、それでもなじみの場所もできてきた。

州都ジャヤプラは起点になるところで、とりわけここのNGOであるYPMDにはずいぶん

12 NINDJA＝Network for Indonesian Democracy Japan（インドネシア民主化支援ネットワーク）。1998年2月にインドネシアの民主化や人権擁護活動を支えるために設立された市民団体。

マンブラモ河を往く

NINDJAの
パダイド・ツアー（2003.8.9）

お世話になった。特に代表のデキー・ルマロペンさん（ルムスラムの元代表）には世話になっている。
タブラヌス村には何度も出かけている。ここでは特にペトルス村長、警察官のアモスさんに世話になっている。タブラヌスを海で挟んだ向かい側のタブラスパ村にも何度も行った。この村の近くのアマイという白砂の美しい海岸にはNINDJAツアーででかけた。近隣の村々から村人たちが参加した踊りのコンテストを行なったこともある。
ジャヤプラから西に行くと大河マンブラモがある。中央山地から流れ出すこの河は全長六七〇キロ、下流に行くにしたがって無数の蛇行を重ね太平洋にそそぐ。最

下流はいつも海が何十キロも黄色に濁っている。この河を三〇〇キロくらい遡ったこともある。養殖真珠の核になる貝を探すためである[13]。その貝は発見できなかったが河の遡行は実に愉快なものだった。

さらに西に行くと先に紹介したビアク島がある。このビアク島、そしてその東南のサンゴ礁の島じま、パダイド(Padaido)諸島も何度も出かけたところだ。中でもパダイド諸島の一つのダウィ(Dawi)島にはNINDJAの建てたコテージがある。隣の島ブロムシの住人セフナットさんがコテージの管理をしている。彼はわたしたちが島に行くと、いつもヤシガニを準備してくれる。

13　ミシシッピードブガイという二枚貝。養殖真珠の核には、ミシシッピー河で採取されるドブガイの殻から削りだされるこの核を使う。高城芳秋さんによるとこれ以外の地ではまだ核にふさわしい貝が発見されていないという。

ビントゥニ湾の
マングローブ林は世界有数
（2006.3.6）

パプア島を恐竜に見たてるとその頭の部分に、マノクワリという西パプア州州都がある。ここは恐竜の喉にあたるビントゥニ湾に行く時の基地だ。ビントゥニ湾は世界でも有数のマングローブ林地域である。この湾の漁村の発展と環境保全をＹＰＭＤが担ってきている。ＮＩＮＤＪＡもそれに協力してきたので、ビントゥニ湾には何度か出かけている。

それより南の海岸はなかなかアプローチが難しいところだ。わたしはファクファクという妙な名前の町と、さらに南のアスマット（Asmat）の住む地域には行っている。最東南端にはメラウケという比較的大きなまちがある。インドネシアでも最東端にあたる。ここもＮＩＮＤＪＡツアーの対象地だった。

奥深いパプアの山、最高峰は標高五〇五〇メートルのジャヤ峰。氷河もある。よほどの達人以外にパプア高地には行くことができない。わたしがかろうじて行ったのは観光スポットでもあるワメナだけだ。

まだまだパプアは行かねばならないところが山のようにある。

第二章

パプアってなんだ?

ワメナの市場、
ダニの女性が商売
（2003.8.5）

裸族・原始・秘境

ずいぶん前のことだが、日本テレビ系で「すばらしい世界旅行」という番組を放映していた。一九六六〜九〇年の長寿番組で、牛山純一さんという映像作家の制作になる。わたしはこの番組をたくさん見た。恥ずかしながら「探検家」に憧れていたのかもしれない。この番組にはパプアやパプア・ニューギニアが何度も登場した。裸族、秘境、原始などの形容詞がついてパプアは登場したように思う。

気になって少し調べてみた。一九八〇年に市岡康子さんがディレクターで作った「裸族の風葬を見た秘境大イリアン一周」という番組があった。

この作品は、パプア・ニューギニアとの国境沿いのアプミシビルに住むンガルム人（族）（Ngalum）という山地民族と、もう少し中央部山岳地域のワメナというやはり山の中に住むダニ人（族）（Dani）の話である。

アプミシビルは地図にも出てこないような、標高三〇〇〇〜四〇〇〇メートルの山岳地帯で、一九五〇年代までは、周囲からはまったく孤立していたという。この作品の制作当時（一九八〇年代）はキリスト教の宣教

ホナイと呼ばれる
ダニの伝統的家屋
（2003.8.5）

のために作られた小さな飛行場が外との唯一の交通路だった。

もう一つはワメナの話だ。ここは中央山地では開けた地域で、西洋人の間では「秘境」として知られ、観光の対象地になっている。

この作品はわたしたちの知ることのないまさに「秘境」を正面から取り上げた良い作品である。秘境や未開や原始を煽る作品ではない。

ンガルム人は山奥に暮らす人びとで、死者の霊を恐れる。人が死ぬと死者の霊が残らぬよう遠くに運んでしまうという風習は、やはりパプアの自然環境から出てきたものかもしれない。成人式で子どもたちが泥を塗られるとか、さまざまな自然の飾り物（ゴクラクチョウ、[14]ヒクイドリなど）をつけた男たち

14　ヒクイドリ（火食い鳥、学名*Casuarius casuarius*）は、ダチョウ目ヒクイドリ科の飛べない大きな鳥の一種。インドネシアではカソワリと呼ばれ飼育もされている。

上:パプア大会議には
コテカ部隊も登場
(2000.3.29)
下:ワメナの露天市場、
女性たちの手織りの背(頭)負い袋が
ファッショナブル
(2003.8.6)

の踊りも興味深い。

特にパプアというと必ず登場した「ペニス・ケース」(コテカ)が印象的である。しかし今はパプアでコテカをつけている人はほとんど見かけない。物珍しいので、今では土産物屋で売っている。

一方、ワメナという地域は、かなり以前から観光地になっている。牛山純一さんの時代から三〇年も四〇年も経っているが、パプアやパプア・ニューギニアを紹介する作品には、石器時代とかペニス・ケースだとか首狩りといった「遅れた」マイナスのイメージがいまだについて回る。現実にはワメナのように、外界とかなり頻繁な接触もあり、よその人びと(スラウェシのブギス人や華人など)が多数入っている地域もあり、この作品当時とは様子が非常に違っている。今や大半のパプアの人びとは、西洋の服装(短パン、Tシャツ、スカートなど)を身につけ、日曜にはおめかしして教会に通っている。多くのNGOは立派な事務所を

上：伝統家屋ホナイの中のワメナ人（2003.8.5）
下：ワメナ人のサツマイモ畑（2003.8.5）

構え、わたしたちが想像するよりよほど進んでいる。というより服装などで遅れているとか進んでいるとみなすことにそもそも根拠はないはずだ。

わたしは牛山純一さんの「世界」にずいぶん影響を受けてきた。パプアでも、もっとも「原始」といわれるアスマット[15]の土地に二〇〇七年に行ってみた。わたしにとってのアスマットとの出会いは、牛山純一作品もあるが、オーストラリアのドキュメンタリー作品"Wow Asmat"という一九七六年の作品にも影響されている。監督はBill LeimbachとJean-Pierre Dutilleux。とても長いカヌーに一〇人以上の男が立って長い櫂を漕いでいる。大きな白い彫像、泥まみれで槍を持って他"部族"を襲撃する「部族戦争」。こんな光景が脳裏に焼きついていた。沼地を行くカヌーをぜひ見たかった。

余談だが、もっと昔、あのロックフェラー財閥の総帥の息子が、アスマットで行方不明になった事件があった。そのことをかすかに記憶している。当時、ロックフェラーは「人食い人種」の犠牲になったとさえ言われていた。人食いの話は今も語られるが、まったく信ぴょう性のない話で、あるとすれば、かつて部族間の争いで、ヘッド・ハンティングの風習があったくらいのことである。

15　アスマット（Asmat）はパプアの中央南部の海岸沼沢地域に住む民族。サゴヤシ澱粉を主食とする。石のない沖積土の土地だったので、石斧は高地民族と交換して入手していたという。

アスマットというのは地名だけではなく、民族名でもある。正確な地名としてはアスマット人の中心的な居住地アガツというところに行ったが、ここはパプア南部中央の大湿原地帯、地図で見るとあまりの湿地帯で人が住みにくそうに見える土地である。

そんなアスマットだが、あっけないほど簡単に到達できた。後で述べるフリーポート・マクモラン社の拠点であるティミカから、ムルパティ航空のツイン・オッター機（一九人乗りコミューター機）に乗ると、一時間ほどでアスマットの入り口であるエウェル空港に着く。そこからスピードボートで二五分ほどのところにアガツがある。世にも不思議なマングローブ林の上の水上都市で、家々や官庁が鉄木（アイアン・ウッド）の通路でつながっている。わ

次ページ：アガツ上流の
サワ・エルマで見た
（2007.9.6）

上：アスマット人のロングボート（2007.9.8）
右下：アスマットの木彫りの盾（2007.9.7）
左下：アスマットの木彫り人形（2007.9.7）

アスマットの中心地
アガツの川辺の家

アスマット・アガツの中心地アガツにある
キリスト像（2007.9.7）

たしの泊まったロスメン・パダエロは南スラウェシ出身のブギス人が経営していた。ロスメン（安宿）の目前には大きな川。ロングボートだけでなく、大きな鉄船も行き来する。

このアガツから、両岸をマングローブがずっと続く中を、川の上流に向けて三時間ほど遡る。サワ・エルマという「伝統集落」に行ってみた。西洋世界でかなり名高いアスマットの木彫りの生産地だ。西洋人はパプアの人びとの生み出す芸術品を「プリミティブ・アート」と呼んでいる。しかし、この商業化された木彫り作品を支配しているのは、華人などのよそ者であった。世界の観光地バリ島にもパプアの芸術品を売っている店がある。それをスハルト元大統領夫人であるティエン夫人が差配していたと聞いたことがある。「原始人芸術」まで支配してしまう観光文化の背後には、必ずと言っていいほど欧米資本や権力者の姿がある。

アスマット人はパプア南部の大湿地帯に住む人びとで、かなり大柄な人たちだ。移動は川をカヌーで移動する。かつて部族間の争いはあったが、それだから野蛮だとか獰猛だとかいうことはまったくの偏見だ。マングローブとともに暮らし、サゴヤシを主食としている。人口は七万人といわれている(後述の人口推計では三万人弱)。アスマットの人びとは、さらに一二のサブグループに分けられるといい、それぞれ文化、言語を異にする。しかし、よそ者にはその違いは容易にはわからない。

アスマット人の移動は丸木舟(2007.9.8)

ムカデのような食べ物、アガツにて(2007.9.8)

このおじさんが食べていた(2007.9.8)

パプア鳥瞰図

ニューギニア島は、島というには大きすぎる。面積は約七七万平方キロメートル（日本の面積の二倍）で、グリーンランドに次ぎ世界で二番目に大きな島である。

日本から真南に進んで、赤道を越えたあたり、恐竜のような形をした島がニューギニア島である。その東半分が「パプア・ニューギニア」（PNG）、西半分がインドネシアに属する「パプア」である。パプアだけでも、面積が四二万九八一平方キロメートル、そこに三五九万人が暮らす（二〇一〇年）。人口密度は八・五人／平方キロメートルにすぎないが、かといって自然だけがあるわけではない。開発する側の人たちは、あたかもそこに暮らす人などいないかのように森林を伐採し、鉱山を採掘し、道路や港をつくる。パプアにとってこうしたよそ者による開発が大問題になっているのである。

恐竜の頭の部分は、かつての支配者の言語オランダ語でVogelkop（鳥の頭）と呼ばれていたがインドネシアではドベライ半島と名づけている。その恐竜の頭の北部には二五〇〇メートル級の山脈が連なっている。この山中にはニワシドリ[16]という不思議な鳥がいる。雄が大きな小屋型の巣を作り、雌を呼び寄せるのである。

恐竜の頭の西側には、サンゴ礁の島々であるラジャ・アンパット諸島（「四人の王様」の意味）がある。その一つ、ワイゲオ島は、香料で名高いハルマヘラ島周辺に成立したテルナテ王朝やティドレ王朝（一三～一五世紀）と関わりが深いといわれている。パプアは〝原始人が孤立〟

16　ニワシドリはスズメ目のニワシドリ科に属する何種類かの小さな鳥。ニワシドリ、コヤツクリ、アズマヤドリなどと呼ばれる。落ち葉や枯れ枝など取り除いて庭を作り、その庭の中に大きな小屋型の構造物「バワー（bower、あずまや）」を作る。これは巣ではない。巣はこれとは別に雌が単独で作る。マノクワリの人びとはこの鳥のことをよく知っている。

ビントゥニ湾の
LNG開発（2006.3.6）

して住んでいた場所ではない。

頭の南側は大湿原だ。幾筋もの川がビントゥニ湾という大きな湾に流れ込んでいるため、この地域を横断する道路はない。というより北海岸から山を越えて南の湾に入る道路すらない。恐竜の口に見立てられるのが、外洋につながるベラウ湾という巨大な湾と喉に近い部分に広がるビントゥニ湾だ。ビントゥニ湾にはおそらく世界でもっとも濃密な[17]マングローブ林が繁茂している。マングローブといっても生半可なものではない。海辺から内陸部に向かって幾重にも重なっている。高い樹はおそらく五〇メートルもある。

「マングローブなくしてエビなし」という格言があるが、ビントゥニ湾はエビの大産地である。ブラックタイガー、ホワイト（バナナ）、エンデバーなど各種のエビが大発生する。かつてジャカルタの財閥会社がこの湾でエビをトロール船で捕り、ほぼ全量を日本に輸出していたことがある。しかしその会社はスハルト元大統領とつながったクローニー企業だったため、今はその姿はない。

ビントゥニ湾では、かつてマングローブ林が伐採され、紙の原料として日本に輸出されていたことも忘れてはいけない。また現在は、ブリティッシュ・ペトロリアム社（以下、BP社）による天然ガス（LNG）採掘が行なわれている。日本や中国の資本も参加した超巨大プロジェクトである。

恐竜の下顎の部分はよそ者にはあまりなじみのない場所である。唯一、ファクファクという町が知られるくらいだ。ファクファクというのは、キリスト教徒の多いパプアでは珍しく

17 マングローブは熱帯・亜熱帯地方の河口付近、潮の干満の影響を受ける海岸地帯に生息する特殊な植物で、オヒルギ、メヒルギ、ニッパヤシなどの樹種で構成される。マングローブの林床は、多数の木根が絡みあい、エビやカニなどの水棲動物の生息地となっている。また、陸域拡大の最前線としての位置を占めている。「マングローブ」という名前がついた植物があるわけではない。ヤシやシダの仲間も合わせると、世界中では100種類以上の植物がマングローブと呼ばれている。

上：ファクファクの町中、
ガールスカウトの行進（2005.8.12）
中：ファクファクの町から
ほど遠くない集落には
とても古いモスクが見える（2005.8.13）
下：ファクファク近くの
マングローブ林も美しい（2005.8.14）

イスラーム色が比較的強い町だ。スラウェシ島などからの移住者の影響だと考えられる。

　恐竜の頭と胴体の間の首の部分、大きくくびれたところがチェンドラワシ湾というパプア最大の湾である。チェンドラワシというのはパプアの象徴でもあるゴクラクチョウのことだ。この湾の北側に比較的大きな島、ヤペン島とビアク島がある。パプアはよく大きな地震が起きる地域だが、ビアク島を一九九六年二月に襲った地震・津波はM八・二という巨大なもので、大きな津波も押し寄せた。当時、日本にまでその津波が到達している。

　さて、パプアのほぼ中央には東西に連なる巨大な山脈がある。スディルマン山脈とジャヤウィジャヤ山脈である。最高峰は、何と標高五〇三〇メートルのジャヤ山

上：マノクワリ
（『南の島に雪が降る』の舞台）の
日本軍慰霊碑
（1996.3.22）
下：日本軍兵補だった老人、
ファクファクの北コカスにて
（2005.8.13）

（Puncak Jaya）である。インドネシアの初代大統領にちなんでスカルノ峰と呼ばれたこともあった。赤道近くにあるが氷河を抱き、登頂はかなりの困難をともなう。現在、入山にはインドネシア政府の許可が必要となっているが、入山許可を取るのは容易ではないという。

パプア上空を飛行機から眺めると薄気味悪いほどの巨大な川の蛇行が見られる。中でも巨大なのが、恐竜の胴体部分を流れるマンブラモ河である。かつて、長いカヌーでこの川を三〇〇キロほど上流に遡ったことがあるが、沼沢地とサゴヤシ林と、たまに人の集落があるという感じのまさに「大自然」があった。マングローブ林が海岸線から一〇〇キロも遡って繁茂している。

次に、北海岸を見てみよう。ここが一番拓かれた地域だが、西のビアク島やマノクワリはかつての激戦地。第二次世界大戦中、日本軍が敗走するなかで実に多くの死者を出している。発掘されぬままの遺骨も多くあるが、もとはとても美しいサンゴの島々の連なりだ。

上:ファクファクの北コカスは軍事基地、
日本軍の残壕がまだ残っていた
(2005.8.13)
下:ジャヤプラ湾と港
(2011.9.11)

この北海岸の最東端にパプア最大の都市であり、パプアの政治経済の中心であるジャヤプラがある。パプア州の州都であり、軍、警察、役所、大学などの主要施設がある。

最後に、胴体の一番下(南)側あたりに目をやると、メラウケという町がある。パプア南部を代表する町で、[18]インドネシア最東端の町としても知られている。メラウケから北上すると大湿原が待ち受けており、いくつもの湖沼がある。この湿原の中を三〇〇キロも未舗装道路を行くと、タナ・メラ(赤い土地)と呼ばれる場所がある。ここは、オランダ植民地時代にインドネシア

18　インドネシアの東西の範囲を示す言葉に「サバンからメラウケまで」という言葉があるが、メラウケが最東端でサバンは最西北端のスマトラ島のアチェにあるウェー島の町。

飼われているクスクス
（1996.3.24、ビントゥニ湾バボ）

の民族独立運動に関わった政治犯が収容された僻地である。

パプアには大きな自然が生きている。特に、深い山の森林や南側の大湿地帯は、まだ千古斧鉞《せんこふえつ》も入れぬような自然がある。美しい土地と海がある。ゴクラクチョウやトリバネアゲハ、カソワリ（ヒクイドリ）、ツカツクリ、ニワシドリ、有袋類のク[19]スクスやワラビーなど珍しい動植物の宝庫でもある。しかしそこからは確実に開発の槌音が聞こえてきている。パプアの人びとがよそからの開発に神経をとがらせているのも事実だ。この開発については、後ほど詳しく説明したい。

人びとのパプア

パプアはニューギニア島西半分のインドネシア領、行政区画としては、もともとはインドネシア最大の州（約四二万平方キロ）パプア州で、従来イリアン・ジャヤ州と呼ばれていたが二〇〇二年にパプア州と改称した。なお、一九九九年法律四五号に基づき、インドネシア政府は、二〇〇三年に、パプア西部を西イリアン・ジャヤ州として分離することを決定（二〇〇七年、西パプア州に改称）、現在のパプアは二つの州に分かれている。パプア州の州都がジャヤプラであるのに対し、西パプア州都はマノクワリである。しかしこの分離については、パプアだけでなくジャカルタ政界にもまだ反対の声が強くある。わざわざ二州に分けたのは、パプアの一体感を抑え、独立派を封じ込めるためだと考える人が多いのである。こう

19 クスクスは有袋目クスクス科クスクス属に含まれる動物の総称。オーストラリア北部ヨーク岬半島、マルク、ソロモン諸島、ティモール島、ニューギニア島、スラウェシ島などに生息する。

した反対の声があったにもかかわらず、二〇〇六年には知事選が実施され、西パプア州知事が就任し既成事実ができあがってきている。

人口は両州合わせて約三五九万人（二〇一〇年）、パプアの外からの移住者人口は、二〇一〇年には五一％にもなっている（詳しくは第四章参照）。四分の一にも達する。ジャワ島などからの国策移住者とスラウェシ島などからの自発的移住者からなる。宗教別には七八％がクリスチャン（五四％がプロテスタント、二四％がカトリック）、ムスリムは二一％となっている（二〇〇五年）。では、パプアにはどれだけの民族グループがあるのだろうか。パプア州政府の推計では、先住民族三七二グループ、合計一四六万人という数字が明らかにされている（二〇〇〇年）。そのリストから二万人以上の民族グループを拾ってみた。

全部でわずか一三グループしかない。最大の民族グループであるラニ人でさえ一五万人に満たない。ラニの次に人口の多いダニもパプア高地のバリエム渓谷周辺に居住する人びとである。高地に住むのはダニ、ラニ以外に、ンガルム、ヤリ、キムヤル、モニなどかなり多い。低湿地には南部のアスマット、マリンなど、北海岸にはセンタニ、ビアク、ヤペン、ワイゲオなどの人びとが住む。正直なところ、どれだけの民族グループがいるのかわたしにはわからない（次ページの表および図参照）。ウェブサイトで世界の民族語（Ethnologue Languages of the World）というページを参照すると、パプア全体で二七二の言語が載っている。おそらく分類基準が異なるのだろう。

州政府統計局のデータでは、一三九の先住民グループは人口が一〇〇人以下でしかない。このような少数集団はやがて消滅してしまうのだろうか。いずれにしてもパプアには実に

民族分布地図

パプア先住民族　民族別人口（人口2万人以上）

民族名	人数
ラニ（Lani）	147.978
ダニ（Dani, Ndani）	146.439
エカリ（Ekagi, Ekari）	75.348
ヤリ（Yaly）	61.009
ンガルム（Ngalum）	51.774
メ・マナ（Me Mana）	49.368
セルイ（Serui, Serui laut, Arui）	33.407
ヤペン（Yapen）	26.645
センタニ（Sentani）	25.742
キムヤル（Kimyal）	22.736
モニ（Moni）	22.463
マリン（Marind Anim）	21.531
ソウ（Sough）	20.429
先住民族総計	1.460.846

（パプア州統計局2005年）

上：ワメナ観光村の女性たち、げっそりさせられる（2003.8.5）
下：同 ミイラも見世物（2003.8.5）

数多くの民族グループ・言語グループが存在し、その全体像すら十分にはわかっていないとしか言いようがない。人びとの間の共通語は今のところインドネシア語である。

キリスト教と植民地

ジャヤプラから飛行機でおよそ一時間、ジャヤウィジャヤ山脈の中にワメナの町がある。バリエム渓谷が走る高原の町ワメナは、西洋人たちが「原始」を求めてやってくる観光地でもある。コテカの男、半裸の女性、「ホナイ」と呼ばれる伝統家屋、現在まで残る風葬の習慣……こんなものを見物しに「文明人」がやってくる。

ある「観光村」に行ってみた。観光客が来ると、女たちがいっせいにTシャツを脱ぎ、腰箕姿の半裸になる。男はコテカで登場する。写真を撮ろうとするとカネを要求される。風葬

ワメナ市場のサツマイモ
（2003.8.5）

の遺体が村の中の一軒の家に鎮座している。しゃがんだ姿勢のミイラにもコテカがついていて、煙で黒光りしている。これも「拝観料」が必要だ。長老に尋ねてみた。このミイラはいつ亡くなった人の遺体か？　長老曰く「三七二年前のものだ」。あなたは何歳ですか？「四〇〇歳だ！」かなり決然と言う。三〇〇年も前に、いや、二〇〇〇年前だって、この土地に「文明人」などいなかった。

この島には、およそ五〜六万年前に西の方から移動してきた人が住みついたという。オーストラリア先住民と近い人たちだともいわれている。当時はオーストラリアとニューギニア島はつながっていた。その後、東南アジアには、中国南部から人が移動してきて住みつき、フィリピン、インドネシア、マレーシア、ミクロネシア、ポリネシアなどオーストロネシア人が先住文化をつくった。しかし、ニューギニア島では海岸部にだけその移住民が住みついた。ニューギニア内陸部高地の革命はサツマイモ農耕によるといわれるがいつのことかは明らかでない。「サツマ

セフナットさん一家はビアク人
（2005.8.6）

イモ革命」によって人の集落が形成され、人の分布がひろがったのである。
海岸部にも内陸部にも西洋人が入ってくる以前には、政治権力あるいは独自の国家のようなものは成立していなかった。西部地域では六世紀頃から現在のインドネシア地域の王朝と関わりがあったといわれるが、その歴史はよくわかってはいない。

大航海時代の一六世紀にこの大きな島がいきなりオランダ人やポルトガル人によって「発見」されることになる。ちなみに「ニューギニア」という名称は、この地を訪れた西洋人が、アフリカのギニア海岸の人に似ているとしてニューギニアとしたという。ついでながら、「パプア」とは、この地に住む先住の縮れ毛の人びとのことを指す海岸部・島嶼部のメラネシア人の呼び名だという。さらに「イリアン」というのは、ビアク語で「熱い場所」「火山帯」であるとか、セルイ語で「祖国」を意味するとか、諸説ある。後に、インドネシア側から「イリアンＩＲＩＡＮ」と呼んだのはIkut Republik Indonesia Anti-Nederland（反オランダ親インドネシア共和国）の略語であるとの造語解釈すら出てきた。

一六六〇年に、オランダ東インド会社は、マルク(モルッカ)諸島のティドレ王国と条約を結んだ。その条約下でオランダ東インド会社は、ティドレを保護するとの名目でニューギニア西領域(パプア)の主権を主張するようになる。とはいっても、オランダがパプアを実効支配したわけではなく、一八七二年になってティドレはオランダのパプアへの主権を認め、オランダ王国がパプアで行政権を行使することを認めた。東経一四一度以西がオランダの領域であるとの認識もこの時に生まれた。この間にも、キリスト教の宣教は徐々に行なわれていた。一八八五年のドイツ、イギリス、オランダ三国間の条約によってパプアはオランダ領と認められ、いわゆるオランダ領東インド(オランダ領インドネシア)に従属する植民地となり、バ

右上:内陸奥地ムティンの夕陽(タナ・メラ、1996.8.1)
左上:同じく奥地ギフラの夕陽(1996.8.2)
左下:水鳥の舞うムティン湿原はタナ・メラに近い(1996.8.3)

タビア（現在のジャカルタ。インドネシアの首都）にあったオランダの植民地政府の管轄下に置かれた。蘭領東インド政庁は、一八九八年にファクファクとマノクワリの二ヵ所に行政ポストを設置（一九〇二年にはメラウケにも設置）した。

現在の州都ジャヤプラがつくられたのは一九一〇年のことである（オランダ時代はホランディア、インドネシアが占領した後コタバルと呼ばれ、さらにスカルノプラになり、やがてジャヤプラとなった）。ジャヤプラがつくられたのは、東部の「国境」に英国とドイツの脅威があったためだ。一八八四年のベルリン会議でドイツはニューギニア北東部を保護領（独領ニューギニア）とし、イギリスも同会議でニューギニア南東部を保護領（英領ニューギニア）とした。その後、一九〇六年に英領ニューギニアがオーストラリア領となり、一九二〇年に国際連盟が独領ニューギニアの統治をオーストラリアに委任する。

こうして後の植民地境界線が策定されていくが、内陸部への植民地の「浸透」はほとんど進まないままだった。第二次大戦まで、このパプアは植民地として少しも重視されてこなかったといえる。

唯一の例外は、ジャワで民族運動をした活動家が政治犯として南東部ボフェン・ディグル県（Boven Digoel 県庁はタナ・メラ）に送られたことくらいだ。ここはオランダ植民地時代の流刑地として今でもインドネシアの古老たちには記憶されている。

日本による戦争

一九九六年二月、初めてパプア東南端（インドネシア最東端）のメラウケの町に行った。その後お世話になるＮＧＯの社会経済環境発展財団（ＹＡＰＳＥＬ＝Yayasan Pengembangan Sosial Ekonmi dan Lingkungan Hidup）のディレクターであるマクス・マフセ（Max Mahuse）さんに会う。マクスさんはさっそく、ＹＡＰＳＥＬのかかわっている村やカンポン（集落）のリーダーたち三〇数名を集めてくれた。

わたしは催促されてあいさつに立った。このような場合、当然ながら過去の戦争に触れるべきだと思った。しかし、実は、メラウケまで日本軍が侵攻したのかどうか恥ずかしながらよく知らなかった。それでも過去、ご迷惑をおかけしたと率直に詫びた。すると大きな拍手が沸いた。やはりここの人たちも日本軍の侵攻を知っているのである。その後、調べてみたところ、どうやら日本軍はメラウケ周辺だけは占領できなかったようだ。日本軍はアスマットまでは占拠している。しかしメラウケに日本軍は二〇回近く空襲を行なっている。空襲の被害をここの人たちは受けていたのだ。

一九四二〜四五年のアジア太平洋戦争中、「大東亜共栄圏」の最南端がニューギニア島であった。米豪軍を主体にした連合国軍と日本軍がこの島で激突し、住民はその余波でひどい目にあっている。とりわけ北海岸部が激戦地になっている。

東部（パプア・ニューギニア）は主として豪軍が作戦を展開しており、連合軍の盟主たるマッカーサー総司令官率いる米軍もオーストラリアから反撃を狙っていた。日本軍は東部ニューギニア確保のためポートモレスビーを攻撃しようと、一九四二年三月七日、北海岸のラエとサラモアへ上陸した。しかし、伸びすぎた戦線によって物資の補給も容易でなかった日本軍は、敗退につぐ敗退で、多くの将兵が飢えや疾病（マラリア、熱帯性潰瘍、チフス

上：メラウケNGOのYAPSEL代表
マクス・マフセさんと
訪問中の津留歴子さん
（1996.2.4）
下：YAPSELに集まった
長老たち
（1996.2.5）

やコレラなど）でばたばたと倒れた。マッカーサーにとっては、オーストラリアからニューギニア島北岸を経由するルートを確保することによって、フィリピンを奪還することが至上の任務だった。その先が沖縄、そして日本本土だった。

ニューギニア島に上陸した約二〇万人の日本軍将兵のうち、生き残った人はたった二万人（死者数は東部で一二万七六〇〇人、西部で五万三〇〇〇人と推計）、住民の犠牲者数ははっきりしていないが四万人から五万人ともいわれている。パプアでの犠牲に対して、日本は戦後、賠償を一切していない。インドネシアとのあいだで賠償協定を結んだ一九五七年、パプアはまだオランダ支配下に置かれており、そのオランダはサンフランシスコ講和条約ですでに日本への戦争賠償の請求を放棄していた。パプアの住民は無視されたことになる。無視されたのはパプア住民だけではない。「日本兵」も犠牲になっている。

ここでは日本兵だけでなく日本軍に編入されたインドネシア人兵補、

エコ・ツアーの
ガイド氏、
イモムシを木から
引っ張り出して
食べる
(2002.8.10)

朝鮮人・台湾人の軍人・軍属も多数犠牲になったのである。日本軍兵士の遺骨は今なお、ニューギニア島全体で一〇万体も残されたままである。

ニューギニア戦については数多くの本が出版され、証言も残っている。ここではニューギニア、パプアに関する四つの作品を紹介しておこう。『南の島に雪が降る』以外は東部のパプアニューギニアだが、戦争の悲惨さはパプアも変わらない。

YAPSELエコ・ツアー、
湿原を行く
(1996.8.1)

上：サルミも激戦地、
ここには山形県が建立した
平和友好の碑がある
（1998.8.7）
下：コカスは日本軍駐屯地だった。
いまも軍事基地
（2005.8.13）

マノクワリの
破壊された慰霊碑
（2006.3.8）

（1）奥崎謙三『ヤマザキ、天皇を撃て！――〝皇居パチンコ事件〟陳述書』（三一書房、一九七二年）
ニューギニア戦の古典ともいえる告発の書である。著者の奥崎謙三（故人）は、独立工兵第三六連隊の一員として戦争に参加する。この部隊は敗走を重ねながら、飢えとマラリアに苦しみ、隊員一〇〇〇数百人のうち生き残ったのはわずか三〇数人だったという。そして敗戦後二三日も経ってから、残留隊部隊長による部下二人の射殺事件があったことを知る。このことが奥崎の戦後を決める。彼はこの元部隊長を日本で執拗に追いかける。天皇の戦争責任を追及しようと、昭和天皇に向け、皇居の一般参賀の際にパチンコ玉を発射、暴行罪で懲役一年六ヵ月判決を受ける。表題の「ヤマザキ」というのは、ニューギニアで倒れた戦友の山崎一等兵のことである。

（2）原一男監督作品『ゆきゆきて、神軍』（一九八七年公開）
これは元上官を追いつめていく奥崎謙三を追ったドキュメンタリー映画である。息を呑むような凄まじさがにじみ出る作品。米国のマイケル・ムーア監督をして「生涯観た映画の中でも最高のドキュメンタリーだ」と語らしめたほどだ。原監督は、この作品をつくるためにインドネシアのパプアで撮影をしたが、そのフィルムはインドネシア当局によってすべて没収されてしまった過去もある。

（3）加東大介『南の島に雪が降る』（光文社、知恵の森文庫、二〇〇四年。初版は一九六一年、文藝春秋新社〈現文藝春秋〉）

俳優の加東大介がパプアのマノクワリにおける軍の体験をもとに書いた作品。敗色の色濃い日本軍、食べるものさえ確保できない。そんな中で、南の島に歌舞伎座をつくるのである。役者も何とかそろう。衣装も舞台装置もみな手作り。もはや死にそうな東北出身の兵たちは、一度は雪を見て死にたいという。マノクワリの歌舞伎座の舞台に雪が降った。兵は涙しながら死んでいく。一九六一年には、加東自身が自らの役を演じる形で映画化もされている。マノクワリの海を見下ろす小高い丘の上に日本人慰霊碑があり、数年前にそこを訪れた。碑の金属製の碑文を書いた板ははがされ、赤のペンキで落書きがあった。同じような慰霊碑はビアク島にもある、ここには多数の日本兵が壮絶な最期を遂げた天然の巨大な洞窟ゴア・ジュパン（日本洞窟）があり、そこに記念の展示館もある。

（4）水木しげる『総員玉砕せよ!』（講談社文庫、一九九五年）

水木しげるのお化けの多くはニューギニア島で見たものではないかとわたしは思っている。水木しげるはニューギニア東部ニューブリテン島のラバウルに派遣された。この本にはそこでの体験が絵入りで詳しく紹介されている。水木の部隊には玉砕の命令が出されるが、属する部隊の中隊長の機転で命を失わずにすんだのである。パプアのさまざまな風景が実にリアルに描かれた作品である。

パプア・ニューギニアの
ラバウル（水木しげるの本の舞台）
（1998.7.24）

第三章

パプア人はマラリアかOPM

——独立したいパプア

ビアク事件

一九九八年五月二一日、三二年間インドネシアに君臨してきたスハルト大統領が退陣を表明した。アジア通貨金融危機と独裁・縁故政治が行き詰まった結果である。開発独裁、開発政治は終わった。インドネシア全体に一陣の春風が吹き始めたような雰囲気が漂っていた。東ティモールやアチェで独立の機運が高まった。パプアにも〝春風〟の期待が高まった。

2002年8月5日のデモ（ジャヤプラ郊外コタバル）

パプアでよく読まれる
日刊紙*Cenderawasih Pos*

ビアク島で七月二日から五日にかけて、町の中心部にある給水塔にパプア独立旗モーニング・スター（インドネシア語でビンタン・グジョラ）が掲げられた。誰がやったかはわからない。八月初めに、この旗の掲揚の顚末を地元の住民から聞いた。

「この旗はOPMの旗。星は唯一絶対神、赤は勇気・勇敢、青は忠誠の心、白は天からの光を示している。七月二、三、四、五日の四日間にわたって、この旗が町の給水塔に掲げられた。毎日、この給水塔のまわりに何百人もの人が集まってきていた。

わたしの家はここから五〇〇メートルくらい離れたところにある。人びとは給水塔のまわりに集まりいろいろな歌を歌ったりしていた。七月六日朝五時、銃声が聞こえた。トゥルルルル、トゥルルルルという銃声がずっと、一〇時まで続いた。私はそこにいなかったから何が起きたか知らない。何人死んだかも知らない。この給水塔を治安部隊が囲んだ。縦五〇〇メートル、横二〇〇メートルを治安部隊が取り巻いていた」

一〇〇人以上のパプア人が殺害され、海に捨てられたといわれる。七月一七日にパプア・ニューギニアで大きな地震・津波が起き、多数の被害者が出ている。インドネシア警察は浜辺に打ち上げられた遺体はパプア・ニューギニアの津波のものだと発表した。しかし、潮流の関係でそれはあり得ないとNGOの人びとは語っていた。真相はいまだにわからないが、旗の掲揚はそれほど危険なことである。〝春風〟など本当は吹いていなかったのかもしれない。

後にも述べるが、そもそもインドネシア共和国がオランダから実質的に独立する一九五〇年以降もオランダはパプアの地を手放すことなく実効支配を続けた。一九六〇年

オーストラリアのシドニーの公園でもモーニング・スター旗を見た（1984.4.1）

にオランダはここを西パプア国として自治権付与の政策を進めた。六一年四月に選挙が行なわれ、議会が成立、同年一二月一日に西パプアの旗（先にビアクでも掲げられたのがこの旗だった）が掲揚された。これ以後、パプアの人にとってこの旗こそが独立のシンボルになったのである。一二月一日は今も独立記念日になっている。

しかしインドネシアは六二年以降、[20]パプアを軍事侵略、ここを実効支配しつつ六九年の「自由選択行為」と呼ばれる選挙で、この地をインドネシア共和国に「併合」することになる。

パプアの人びとは、ことあるごとに旗を掲揚する。そのたびに多数の人が逮捕され、投獄され、あるいは殺されてきた。パプア旗掲揚こそが彼らにとっては解放のシンボルなのである。特に、一九六四年（六五年ともいわれる）に、[21]ＯＰＭ（自由パプア組織）が結成されるとパプア旗は闘いのシンボルになる。

❖主な旗掲揚事件

八四年二月、ジャヤプラで掲揚。

八八年一二月、民族運動指導者トマス・ワンガイらがジャヤプラでメラネシア旗掲揚。翌年ワンガイは禁固二〇年判決、のち九六年三月獄中で死亡。遺体がジャヤプラに運ばれると暴動が発生。

九四年、フリーポート社のあるトゥンバガプラ（Tembagapura）でパプア旗掲揚。

先に紹介したビアクの旗掲揚が起きた九八年七月には、ソロン、ジャヤプラ、ワメナでもパ

20 インドネシア側は「西イリアン解放闘争」と呼んでいる。1961年12月、大統領のスカルノは西イリアン奪還の号令を発し、62年7月、後に大統領になるスハルト少将指揮する陸軍一般予備軍（翌年、陸軍戦略予備軍と改称）が西イリアンに落下傘降下、西イリアン「解放」の「マンダラ作戦」が始まった。アメリカの調停で翌8月停戦が成立、63年5月1日に西イリアンは国連の信託統治からインドネシアの支配下に移った。

21 ＯＰＭ（Organisasi Papua Merdeka=自由パプア組織〈運動〉）は、武装ゲリラ組織であり、その組織実態はあまりわかっていない。武器といっても弓矢や槍程度ともいわれているし、メンバーの数もわからない。時に人質誘拐などの事件や暴動などが起きると「ＯＰＭの仕業」とされることが多い。パプアの多くの人は実態はわからずともＯＰＭを支持することが多い。伝説的な指導者の名前（ケリー・クワリク〈とらえられ死亡〉など）も知られている。

アブドゥルラフマン・ワヒド大統領
（http://zulfanioey.blogspot.jp/2010/12/biografi-kh-abdurrahman-wahid-gus-dur-htmlより）

プア旗が掲揚される。治安部隊が発砲し、ジャヤプラで一人死亡、ビアクで二人死亡と報道（のち一〇〇人以上と報道される）。ウィラント国軍司令官は分離主義運動に警告を発している。同年一〇月二日にはマノクワリでパプア旗が掲揚された。

アブドゥルラフマン・ワヒドが大統領に就任した九九年一〇月以降、パプアは東ティモールが独立したこともあり、雪解けムードになった。一二月一日、州都ジャヤプラでは、パプアの民族運動指導者セイス・エルアイ[22]に率いられパプア旗の掲揚が平和的に秩序だって行なわれた。五〇〇〇人が式に参加した。これはきわめて例外的なことで、ワヒド大統領からメガワティ大統領に代わると、以前のように国旗掲揚はまた厳しく取り締まられるようになる。

二〇〇〇年一〇月六日にはワメナでパプア旗掲揚事件が起きるが、治安当局（警察、国軍）がこれを弾圧。死者三〇名、負傷者四五名に達する大事件となったが、治安当局の陰謀ではないかともいわれた。

なぜパプア旗なのか、なぜ独立なのか

繰り返しになるが、パプアは、ニューギニア島の西半分を占めている。東半分は「パプア・ニューギニア」である。基本的に東経一四一度線が国境だが、パプア側に入り込んでいるフライ河を国境線にした箇所のみ少しだけゆがんでいる。

22　セイス・エルアイ（Theys Eluay 1937～2001年）はジャヤプラ近くのセンタニ生まれ。1971年に国会議員、1980年パプア慣習法会議のメンバー、90年には同会議議長になる。この会議が次第に政治的になり、セイスはやがて独立運動の代表的指導者になる。しかし2001年、陸軍特殊部隊によって拉致され殺害される。12ページに写真。

パプアは、日本の敗戦後に再びオランダ領になった。しかしインドネシアとの交渉や、時には戦闘によって、最終的にインドネシアに併合されることになる。蘭領東インドの時代は、蘭領下のニューギニア、日本の敗戦後の四五年から四九年は蘭領、四九年から六二年までは蘭領ニューギニア、インドネシア併合になると西イリアン（イリアン・バラット）、その後イリアン・ジャヤ、そしてパプアになる。このような国境線の引かれ方や呼び名の変遷が外部勢力の関与によるものだということがよくわかる。

日本の占領後から一九六〇年代の動きを整理してみよう（西野照太郎、一九八六年、一一七〜一四六ページ参照）。

❖一九四四年　事実上、日本の支配が終了。

❖一九四四年　オランダが「原住民」を公務員に登用。行政専門学校、警察官訓練学校を設置。パプア人大隊を編成（約四〇〇人）。植民地統治機構の住民への移管を推進しはじめる。

❖一九四五年八月一七日　スカルノによるインドネシア独立宣言。連合国軍との間に独立戦争が始まる。

❖一九四六年一一月　リンガジャティ協定。オランダ施政権下でインド

1945.8.17
スカルノの独立宣言読み上げ。
ジャカルタの記念像
（1996.7.29）

ネシアはオランダと連合。ジャワ島での反オランダ独立戦争、ジャワ島以外では分離運動。オランダが西ニューギニアに対する支配を強化。

❖一九四八年一二月　オランダ軍、ジャワ島のインドネシア独立軍を制圧。中部ジャワに限定されたスカルノのインドネシア共和国以外に、インドネシア全領土に六自治国九自治州が成立するが、西ニューギニアはオランダ植民地として残る。

❖一九四九年一一〜一二月　国連インドネシア委員会の斡旋でハーグ円卓会議開催。インドネシア側は、インドネシア共和国のハッタ代表を団長に六自治国九自治州からの代表が参加し、オランダ側は一六地区で構成される「インドネシア合衆国」の形での独立を承認。西ニューギニアの帰属については翌年に協議決定することとした。

❖一九五〇年八月一七日　スカルノ大統領、連邦制（合衆国）を廃棄し、統一国家としてのインドネシア共和国を宣言。西ニューギニア（イリアン・バラット）統合要求を強化。

❖一九五〇〜五五年　インドネシア各地で反乱事件・分離独立運動が続発。

❖一九五二年　オランダが西ニューギニア問題の裁定を国際司法裁判所に委ねようとするが、インドネシアはその手続きを拒否。

❖一九五六年　国連総会において西ニューギニア問題の解決が議題とされるが解決されず、インドネシアは西ニューギニアの帰属に関するオランダの態度を非難し、ハーグ円卓会議協定を一方的に破棄。インドネシア、オランダに対する債務支払拒否。

❖一九五七年　インドネシア在住オランダ人に報復。オランダ資産接収開始。

❖一九五七年一一月　国連総会においてアジア、アフリカ一八ヵ国とボリビアが「オランダ、インドネシア両国に対し国連憲章の原則に従って本問題を解決する」よう要請し、国連事務総長に紛争解決のため適当な援助を与えることを要請する決議案を提出。三分の二の多数の支持を得られず不成立。

❖一九六〇年　オランダ、西ニューギニアをパプア国として自治を与える政策を推進しはじめる。

❖一九六一年四月　オランダの政策によりニューギニア評議会選挙実施。二八議席中一六議席を選出し、残りの一二議席はオランダ人総督の任命（一二議席はパプア人によって占められ

イリアン解放記念碑
（ジャカルタ・バンテン広場、1984.8.17）

る)。オランダはこの政府機構を出発点として一九七〇年頃のパプア国独立を構想。ニューギニア評議会の議員がマニフェストを起草し、国民委員会を設置し、国旗と国歌を制定。

❖一九六一年八月一五日　インドネシアは、イリアン・バラット(西ニューギニア)を自治州とし、暫定的にティドレ島のソウシウに州都を置く。

❖一九六一年一二月一九日　インドネシアのスカルノ大統領は次の「三項目の命令(Trikora Command)」を宣言。

三項目とは、

(1)イリアン・バラットにインドネシア国旗を掲揚せよ。
(2)オランダの野心たるパプア国建設を粉砕せよ。
(3)イリアン・バラット解放に充分なインドネシア武装軍を配備せよ。

というものだった。

❖一九六二年一月　インドネシアの水雷艇とオランダ海軍艦艇が交戦。その後、戦闘拡大、オランダ軍が次第に敗退。

❖一九六二年三月　米国のエルスワース・バンカーの仲介によりオランダ、インドネシアがワシントンにて交渉開始。その後中断。

イリアン(パプア)「侵攻」記念碑はセラム島の西ゴロン(Gorong)島にまであった(2011.2.5)

❖一九六二年五月　秘密裡にワシントンで交渉再開。

❖一九六二年八月一五日　ニューヨーク協定署名。いわゆる「バンカー計画」により、オランダは西ニューギニア問題を国連に肩替わりしてもらい、UNTEA（国連臨時行政府）が西ニューギニアの施政権を一九六三年五月一日までの期限つきで担当することを決定。

❖一九六二年九月　西ニューギニアの指導者は国民議会を召集。九〇人のイリアン人指導者が出席し、西イリアンの国旗と国歌の尊重、一九六三年の住民投票実施などを要請することを決議（反オランダでも反インドネシアでもない、親パプアの志向を反映）。

❖一九六二年八月　インドネシア軍、ゲリラ部隊を上陸させ実効支配を目論む。

❖一九六二年一〇月一日　UNTEAの施政開始。六日にUNTEA体制完了

❖一九六三年四月　UNTEAのインドネシア色が強まり、ニューギニア議会が解散される。

❖一九六三年五月一日　UNTEAの施政期限終了。インドネシアはイリアン・バラットを第一七番目の州とし、州知事にイリアン人を任命したが、実権はインドネシア政府派遣の行政官と軍人が掌握。インドネシア政府任命の三八議席の州議会を設置。UNTEA撤退が

決定すると同時に、イリアン人指導者たちのパプア・ニューギニアへの越境脱出が始まる。一部の指導者はオランダへ脱出。

❖一九六四年　自由パプア組織（ＯＰＭ）という解放組織が結成された。ＯＰＭの内部には、オランダなどヨーロッパで宣伝活動を主にする派と、イリアン・バラット内でゲリラ戦を行なう武装グループとが分かれて活動した。イリアン・バラット派の中では、パプア民族軍（ＴＮＰ）という武装ゲリラも組織化された。一般的にはこのゲリラ組織を含めてＯＰＭと呼ばれてきた。

インドネシアの支配が次第に強化されると、イリアン・バラットを脱出する人々の数も増加した。一九六七年にその数は八五八人、六八年三月には約一〇〇〇人の人が、パプア・ニューギニアの西セピック州の国境と接する「難民村」で生活していたという。

一九六四年以降、ＯＰＭのインドネシアへの闘いは、主に都市部で展開された。一九六六～六八年には、延べ一万一〇〇〇人のイリアン人がマノクワリ周辺で蜂起したが、約五〇〇〇人のインドネシア軍によって武力鎮圧された。こうした抵抗運動の中で、一九六三～六九年二月までに三〇〇〇人のイリアン人と五七六人のインドネシア人が死亡したという。

一九六九年には、国連監視下でパプアの帰属を決める住民投票が実施された。この「自由選択行為[23]（Act of Free Choice）」（インドネシア語はPenentuan Pendapat Rakyat略語でPepera）

23　アメリカは1962年4月、その反共封じ込め政策から「西ニューギニアをオランダから国連の移管に移し、その後インドネシアに移す」という提案を行ない（バンカー提案）、この提案の修正案をインドネシアは原則として受け入れた。それに伴い62年7月に和解交渉開始、8月に15日にニューヨーク協定として成立した。この合意により、オランダは西ニューギニアに関する行政・管理権を国際連合暫定行政機構（UNTEA）に委ね、UNTEAは63年5月にその行政・管理体制を終了、インドネシアに行政・管理権が移行することになった。インドネシア側は1969年の終わりまでに住民投票を行ない最終的な帰属を決定することになった。この住民投票を「自由選択行為」と呼ぶが、投票方法の実質的中身はインドネシアが決定したため、1000名余のパプア人がインドネシア軍監視の下で投票することになったのである。

上：マノクワリの町、政党党首へのデモ（2006.3.3）
下：パプア大会議の会場内（2000.5.29）

によって、イリアン住民はインドネシア国家への帰属を決めたとされる。しかし、投票をしたのは全住民（当時は約八〇万人）ではなく、駐屯したインドネシア軍が選んだ一〇二五人の住民だけで、銃剣を突きつけられる中での挙手による「投票」だった。今でも多くのパプア住民は、この自由選択行動を「選択肢のない行為（Act of No Choice）」と呼び、欺瞞でしかなかったと主張している。

パプアは結局インドネシアに「併合」されることになり、それ以来三三年の月日が経った。にもかかわらず独立に向けての抵抗はやむことがない。

続く抵抗

先にも触れたが、二〇〇〇年五月二九日から六月五日まで、ジャヤプラで、第二回パプア大会議（Kongres Papua　第一回は一九六二年）が開催された。正規参加者はパプア各地域、各層代表およそ三〇〇〇人、そのほか三〇〇〇人近くの場外参加者もあった。会議のテー

パプア大会議、
会場外での盛り上がり
（2000.5.29）

マは「西パプアの歴史を糺そう」（Mari Kita Meluruskan Sejarah Papua Barat）というものだが、最終決議案には一二月にパプア独立を達成するという文言が盛られた。

「西パプアの歴史を糺そう」というのは、よそ者によって勝手につくられてしまった「歴史」を糺そうということである。よそ者というのはインドネシア共和国であり、オランダであり、アメリカであり、国連である。そしてその歪められた歴史の原点は自由選択行為（Act of Free Choice）にあるとする。

スハルトのインドネシアは、パプアにおいて、パプア人の意志とは無関係に「インドネシア化」（パプアの人は「ジャワ化」と言ったり、「イスラーム化」と言ったりする）が進行し、人びとはそれに抵抗する。

パプア併合前の一九六七年四月、「アメリカ多国籍鉱山会社」フリーポート・マクモラン社は、インドネシア政府と鉱業事業契約を結んだ。当時インドネシアはスカルノ時代に崩壊した経済の立て直しを迫られており、外貨を積極的に導入する法が整備されたばかりだった。一九七三年三月フリーポート社はエルツバーグ鉱山での操業を開始し、後に金鉱も発見されて、世界最大級の銅・金山になる。この鉱山開発によって被害を受けたアムンメ(Amungme)などの先住民族は、大規模な抗議行動に立ち上がるがインドネシア国軍がこれを鎮圧、五〇〜六〇人の住民が殺されたという。アムンメ人は七七年にも再蜂起するが、国軍が空爆でこれを阻止、数千人が殺されたともいう。フリーポート社の基地になるティミカも先住民たちの抵抗の場所になっていく。

こうした抵抗はやむことなく続く。九四年にはトゥンバガプラでパプア旗掲揚。九四年一〇月〜九五年六月には、ティミカでアムンメ人などが虐殺、拷問、拘束、失踪など深刻な人権侵害に遭うが、オーストラリアの教会がこれを世界に知らせたことによって、フリーポート社問題は国際化していくことになる。九五年八月にオーストラリアの教会を通じて明らかにされたいわゆる『チャーチ・レポート』には次のような人権侵害事件が報告されていた(津留歴子、一九九七年、二一―二三ページ)。

報告(1) 一九九五年五月三一日、パトロール中のトリコラ部隊の兵士が、ホエア村の住民一一名を銃殺した。この中には神父と五歳、六歳の子どもも含まれていた。

報告(2) 一九九四年一〇月六日、OPMのリーダー、ケリー・クワリクの親戚四名(いずれ

フリーポート社のある
ティミカの飛行場、
軍人やフリーポート社員が
目につく
（2000.5.12）

も男性）が軍に連行され、その後消息を絶っている。

報告（3）　一九九五年四月一六日、クワンキラマ村を巡回中の兵士がエカリ人の男性を射殺した。

報告（4）　一九九四年一〇月九日から一一月一〇日まで、ティミカの女性二名がティミカ警察署に監禁され、拷問を受けた。

報告（5）　一九九四年一二月二四日、アムンメ人たちが平和的なデモンストレーションをトゥンパガプラにあるフリーポート社事務所近くで行なった。この直後、ワー村から村長も含め二〇名が逮捕状なしに牢獄に入れられ拷問を受けた。治安を乱す活動に関与していたと認める書類にサインさせられた後、全員釈放された。

報告（6）　一九九四年一二月二五日、報告(5)にあるデモンストレーションの後、一五人のダニ人がフリーポート社専用バスの中でインドネシア軍による暴行を受けた。この時バスの中から逃げ出そうとした一人の男性がその場で射殺された。ほかのダニ人たちはコプラポカにあるフリーポート社の作業所に連れていかれ、そこで数日間拷問を受けた。拷問の最中に三人が死亡し、残りの一一人はのちに解放された。

24 国家人権委員会（Komisi Nasional Hak Asasi Manusia）は1993年に大統領決定第50号によって設立された。フリーポート社の人権問題に深くかかわったのはアスマラ・ナババン氏（1993～2002年までメンバー、98～2002年は事務局長、2010年没）。

この『チャーチ・レポート』はこれまで隠されてきたパプアにおける人権侵害を明るみに出したことで、インドネシア国内外に大きな衝撃をもたらすことになった。巨大な多国籍企業と軍とが一体化して先住民族を圧迫し、それと闘う先住民族の実態が明るみに出てきたのである。インドネシア国家人権委員会[24]も事態を無視できず、調査団を派遣し、真相解明に乗り出した。人権委員会は殺害・拷問の事実を認め、被害者への補償を勧告したが、軍事法廷では四人の軍人を有罪にしたものの、補償の支払いを認めることはなかった。

一九九六年二月になると、住民三〇〇〇人がフリーポート社を襲撃した。これによってフリーポート社は、先住民族の福祉と発展のためにとして、会社の年間利益の一％を基金として拠出することになった。しかしこの「一％基金」をめぐって、こんどは七つの先住民族の間で紛争が起きることになる。

ポスト・スハルト期の現在も、フリーポート社問題は根本的な解決を見ないままにある。二〇〇〇年五月には、フリーポート社の廃液を貯蔵するワナゴン湖が決壊したことに関し、ソニー・ケラフ環境相（当時）は、もしフリーポート社がこの件で責任ある措置をとらないならば操業の一時停止もあり得ると述べた。ごく最近でもフリーポートの鉱山開発地域では、銃撃事件など、さまざまな事件が頻発しているが、その真相は明らかになっていない。多くの場合、イ

上：ジャカルタの国家人権委員会事務所（2002.3.4）
下：NINDJA（インドネシア民主化支援ネットワーク）の訪問を受けるアスマラ・ナババン国家人権委員会元事務局長（2004.3.14）

フリーポート社の鉱滓で
下流の川は大氾濫、木は立ち枯れた
（1993.2.9）

ンドネシア治安部隊が関わっているとのうわさもある。治安部隊にとってフリーポート社の護衛は大きな利権だからである。

住民の抵抗はフリーポート社周辺だけで起きているわけではない。ＯＰＭが関わっているとされる事件もよく起きている。たとえば九六年一月にＯＰＭが欧州人ら二七人を誘拐するという事件が起きている。この時、人質解放作戦の際に、インドネシア国軍が、赤十字のマークを使用したことが後に判明、国際赤十字社はこれを非難している。九八年八月にはナビレで住民が暴動、一二人が死亡、同一〇月にはマノクワリでパプア旗掲揚事件、九九年五月には、ジャヤプラ東七〇キロ国境に近い、アルソの大農園地域の中核農園（ＰＩＲ）Ｖ社の契約労働者四人が死亡し、ほか三人が重症、こフリーポート本社。
この周辺はニュータウンと称して
幹部の住宅が建ち並ぶ
（2007.9.4）

れも不可解な事件であった。

非常に残念なことだが、パプアで起きている重大な人権侵害事件は、ほとんど世界に報道されてこなかった。ビルマやシリアなどの事件に比べると、とても小さな扱いである。Act of Free Choiceから三三年の歳月が経つ。パプアでは多数の人が犠牲になっている。民族のシンボルである旗を掲げただけで殺された人も勾留された人も数多くいる。

第三回のパプア大会議は二〇一一年一〇月にアベプラで開催されている（第二回は二〇〇〇年、この後に述べる）。この会議を、治安当局は銃撃という強硬手段で解散を命じている。銃撃されたパプア人は少なくとも九名、逮捕された者は二〇〇名以上になり、森の中へ逃げ込んだ者も数十人に及ぶという。

上：投票で独立、国連暫定統治下の
東ティモール・ディリ市内
（2000.3.23）
下：村井吉敬のパプア大会議参加証
（2000.5.29）

この時に出された声明が独立を目指す内容だとの容疑で五人の活動家が逮捕され、三年の禁固刑がジャヤプラ地方裁判所で言い渡されている。

パプアの人びとの抵抗はまだまだ続くことになるだろう。少しでも私たちはこの地で起きていることに注目すべきではないだろうか。わたしたちの食べるエビ、トビウオの卵、カツオブシ（荒節）、わたしたちの消費する石油、LNGなどこの地に関わるものは多い。

住民投票要求デモ、
ジャヤプラ郊外ロタバル
（2002.8.11）

パプアの〝春〟

既に述べてきたが、ワヒド（アブドゥルラフマン・ワヒド）が大統領だった頃（在任一九九九年一〇月〜二〇〇一年七月）、パプアにも〝春風〟が吹いたかに見えた。スハルトのあとを継いだハビビ大統領が、東ティモールの帰属を決める住民投票を実施（九九年八月三〇日）したため、独立を求めるアチェ、そしてパプアでは住民投票、独立への期待感が高まった。パプアでは、「イリアン・ジャヤ」という地名に代わって「パプア」という呼称が認められるようになった。そしてパプア旗（モーニング・スター、Bintang Kejora、六八ページ）の掲揚すらワヒドは認めた。ただしインドネシア国旗と共に掲げ、インドネシア国旗よりは小さなものでなければならないとの条件があった。メガワティが大統領になってからは禁止されている。

春風を象徴するかのように二〇〇〇年五月二九日〜六月三日に、全パプアからジャヤプラに人びとが集まり、パプア大会議（Kongres Papua）が開かれた。この会議の表だっての開催趣旨は「西パプアの歴史を糺そう——パプア民衆は、新しいパプアに向けて真実と正義の原則に則って民主主義と基本的人権の確立を決意する——」というものだった（The Second National Congress of West Papua, 2000. 参照）。わたしは外国人オブザーバーの資格でこの会議に参加することができた。

そして、その凄まじいばかりの熱気に圧倒された。正規参加者は二八七〇人——

（1）—パプア慣習法評議会（Presidium Dewan Papua）三一人
（2）—一四地域パネル各二〇人計二八〇人
（3）—太平洋・アジア・欧州パネル各二〇人計六〇人
（4）—慣習法評議会割り当てパネル六〇人
（5）—パプア民衆一七代表団派遣一七〇〇人
（6）—特別参加者四三〇人
（7）—公式招待者二〇〇人
（8）—事務局一〇九人

——だったが、会場に入りきれない多数の人びとがおり、中には外で踊り、行進し、叫ぶ人も多数いた。

仰天が連続する会議だった。この会議前、NGOの活動家たちの下馬評は、「歴史を紐そう」などと言って、またまた「独立」をはぐらかすようなつまらない会議になり、不満が渦巻く結果になる、というようなものだった。参加者も、多くのパプア人が、本当に望んでいることはインドネシアからの独立であることであると認識していた。しかし、結果は、穏健派と急進派が何とか折り合いをつけたという感じで、具体的な決定は先送りになった。

独立を即時に要求すれば中央政府や国軍が必ず介入してくる。ワヒド政権から会議予算までもらっている以上、即時独立とは言えない。何よりわたしが仰天したのは、主としてパプア山中から駆けつけたコテカ部隊（Laskar Koteka）の登場であった。数もさることながら、手に手に槍や弓矢をかざし、雄叫び（女性も含め）をあげ、会場の外の広場を縦横無尽に駆け回り、会議が軟弱になりそうなのを牽制し続けた。コテカを身につけた男たち、腰蓑をまとった女たち、このコテカ部隊の独立の意志にはけっして挫かれない強固なものがあるように見えた。

第二に、陸続きの隣国「パプア・ニューギニア」の、ある州知事が登場し、将来は国境を取り払うと宣言したこと。これにはインドネシア政府が仰天したようである。パプアにいると、すぐかどうかは別にしても、独立を否定する人はまずいない。しかしジャカルタ政府は、パプア大会議にはインドネシア「統合派」がいないと非難した。そんな人はほとんどいないのだから仕方がない。昔オランダの領土だったのだからインドネシアの領土だ、というインドネシア政府の論理はいささか強引な論理である。ギャップが大きすぎるのである。

会議は、一応、インドネシア共和国からの分離独立を謳い、八月に国連で交渉、一二月に独立というような、あまり当てのない宣言を出して終了した。焦点だった「暫定政府樹立」は、知らぬうちに葬られてしまった。執行部もかなりしたたかで、ジャカルタとのギリギリの折り合いがどの辺なのかを見極めていたように思う。

会場の内外を取り巻いた雰囲気は、独立以外にありえず、それもその証拠をすぐにでも見せろ、といったものだった。執行部がどこかで裏取引をしているのではないかとの疑心暗鬼も渦巻いており、

軍に虐殺された
セイス・エルアイの記念碑、
空港前（2010.1.29）

最高指導者といわれるセイス・エルアイ（Theis Hiyo Eluai　パプア慣習法評議会議長）をあからさまに批判する人もいた。このセイス・エルアイは会議から一年五ヵ月後の二〇〇一年一一月一〇日に、何者かによって拉致され殺害された。これは陸軍特殊部隊の仕業であったことが判明する。

わたしは部外者であるので少しは冷静だった。パプアはその歴史、民族グループ、文化が、「インドネシア」のそれとは明らかに違う。だから、彼らが民族自決権を持っているという主張も理解できる。しかし独立というのは、すぐれて政治的な問題である。どんなに当事者が独立を望もうとも、政治力学が働かねば独立は達成できない。その政治力学は、圧倒的に「インドネシア」の側に、今は偏している。東ティモールの場合、国際世論や国連が独立を支持していたが、パプアにはその風は吹いていない。

パプア大会議は草の根民主主義に近い、多くの人びとの意志を示す会議であった。討議だけでなく、歌があり、踊りもあり、祈りもある。ペーパーや議決のみで意志を示す民主主義とは違っている。しかし草の根の民主主義だけでは独立は達成できない。国家や国際関係が立ちはだかっているのである。

この会議は日本の大メディアも直接取材に来ていた。NHK、朝日、毎日、共同、読売がこの会議をカバーした。ワヒド大統領とパプア「独立」が注目されたからだろう。

実は、わたしはこの会議中に二度目のマラリアが発症し、寝たり起きたり会議に出たりで結構大変だった。パプア人は「みなマラリア、みなOPM」というのが実感として体に入り込んだ気がする。

第四章

大きな自然と開発と

ラジャ・アンパット諸島

パプア最北端の大きな町がソロン。ソロンは石油とエビと魚の町で、北パプアの要衝で、大きな船がいつも出入りしている。このソロンに付随するようにラジャ・アンパット諸島がある。恐竜の頭の上と左(西)に位置する島じまだ。ラジャ・アンパット(四人の王)諸島は大

ソロンの港

小無数の島じまよりなるが、大きなのがミソール、サラワティ、バタンタ、ワイゲオの四つの島である。海と島の美しさはパプアでも抜きんでている。ただしあまり観光地化されていないので、簡単に島巡りとはいかない。

わたしはこのうちのワイゲオ島に深い思いがあった。一昔前、NHKで「蛍の木の島」として紹介されたのがワイゲオ島で、いつか行ってみたいと念願していた島だ。たまたま機会があり、二度訪れた。ホタルもさることながら、島と海の美しさに魅入られてしまった。この島々はパプア世界とマルク世界の架け橋のような場所にあり、また太平洋に向かって開かれ、ハルマヘラを通じてサンギル（サンギヘ）からフィリピン南部ともつながっている。

二〇〇〇年七月に、ソロンで血なまぐさい事件が起きた。ここでも、パプア旗掲揚をめぐって三人が射殺されたという事件である。これまで真相が今一つわからなかったが、ソロンを訪問して、事件のおおよそのことがわかってきた。とんでもないでっち上げ（レカヤサ＝陰謀）だった。

わたしはソロンで船を雇ってワイゲオ島の北のパンジャン島まで行こうとしていた。その島の村長に五月にソロンの浜辺で会って、サシの話を聞き、たいそう面白かったので行ってみようと思ったのだ。しかしこの島はおそろしくかけ離れた島だということがわかった。ソロンから北に一六〇キロも離れたほとんど孤島がアユ諸島で、その小さな芥子粒のような島の一つがパンジャン島である。ここからさらに北に行くと「アジア諸島」という島じまが地図に

ガイド役の
ピットさん（左側）
（2000.5.31）

はある。なぜアジアなどという名前なのか、今はわからないが、いつか機会があったら行ってみたいところの一つだ。

パンジャン島に行くにはスピード・ボートをチャーターしなければならない。これがあまりに高料金だったため、あきらめざるを得なかった。仕方なしに、近場のバタンタ島周辺を船で旅することにした。それでもスピード・ボートの三日間のチャーター代はガソリン代こみで一八〇万ルピア（当時のレートで約二万円）ほどになった。このスピード・ボートはヤマハ八五馬力を二つ搭載したなかなか快適な船だった。どういうわけか教育文化省所有の船で、役所（の誰か）のアルバイトに荷担したことになる。案内をしてくれたのはここに事務所を開設していた日本のNGOピースウィンズ・ジャパンのスタッフのピットさん。このあたりのことを何でも知っている。

この船の乗組員は四人いたのだが、そのうちの一人が先のパプア旗掲揚事件を目撃していた、というより、当事者に仕立て上げられた人物だった。ワイゲオ島北部出身の彼の話によると、事件の前に、北ワイゲオ郡の郡長が、パプア旗の掲揚をするので、ソロンの教会（イマヌエル教会）の前に行けと住民に通知を出した。何も知らない村人たちは、その日に教会前に集まった。もともとアユ諸島や北ワイゲオの人びとは、自分たちの漁獲物を売りさばくため、月に一度は船を仕立ててソロンの町に行く習慣があった。ハタ、サワラ、イカン・

ソロンの浜にいた
パンジャン島の漁民
（2005.5.14）

メラ（赤魚）、ナポレオン・フィッシュ、ロブスター、ナマコなどを遠路運んでくる。ここには香港のバイヤーなども買いつけに来るという。彼らはイマヌエル教会の前の海岸縁にテントを張って、三〜四日はそこで寝泊まりしている。たまたま旗の掲揚が行なわれるというのでそれに参加したのである。

誰が旗を揚げたのかははっきりしないが、参列した北ワイゲオの住民たちを待ち受けていたのは、治安部隊の銃だった。彼らは何も知らないままに旗の掲揚に付き合い、銃撃され、三人が死んだ。二二人は、わたしの行った時点ではいまだに逮捕されたままだった。海に逃げた者もおり、船の上からも掃射された者もいた。先に住民に通知を出した郡長はその後、住民の抗議で辞任に追い込まれたが、彼は警察の諜報と連絡し合っていたという。明らかに仕組まれた銃殺劇だったようだ。何を目的にしたものなのか今ひとつはっきりしないが、おそらく、パプア旗掲揚はもはや許されぬという当局の意思表示と思われる。実はこのような陰謀事件がかなりの頻度で起きている。それがメディアでも取り上げられているが、これがパプアの「つくられた騒擾」の真相なのかもしれない。

上：ソロンのイマヌエル教会。
ここで陰謀が（2000.5.14）
下：ソロンの浜に出てきた
パンジャン島民のテント村と漁民
（2005.5.14）

ベオ島埠頭。カタクチイワシを釣る（2000.7.16）

浜辺のご馳走

ラジャ・アンパットの名が示すように、ここには四人の王様がいた。その王は、ハルマヘラ島の西の小島[25]ティドレの王国から称号を得た地元の権力者だったようだ。ラジャ・アンパットは東のビアク島と深いつながりがあり、ここにはたくさんのビアク人が移り住んでいる。しかし総じてラジャ・アンパットは人口が希薄な地域だ。

このラジャ・アンパットだけで四〇〇以上の島がある。バタンタ島というのはその中では比較的大きな島である。その北側の沖合にワイ（Wai）島という小さな島がある。白砂青松というにふさわしい海岸線をもつ。海辺にはカシュアリーナ（木麻黄《もくまおう》）が生い茂り、白い砂にサンゴ礁の海。まさに白砂青松の島だ。ここに一人のオランダ人（ドイツ国籍も持っている）が住みついていた。この人とその妻はここで欧米人ダイバーを受け入れるコテージを経営していたが、それが周辺住民から反感を買っていた。どうも宗教上の問題のようだった。わ

25 ティドレ王国はハルマヘラ島（マルク諸島）西の小島にあったが王国を築きここのスルタンはハルマヘラ島、アンボン島、パプア北海岸を支配していたといわれる。スペインとも同盟を結び、スペイン撤退後はオランダ東インド会社に抵抗しつつ18世紀後半まで王国を保持した。

ガム島埠頭。「ようこそ」と看板に書かれている（2001.3.23）

たしの目の前で住民たちは、あのコテージを焼き打ちにするなどと物騒な相談をしていた。

わたしは向かいのバタンタ島のイェンサワイ（Yensawai）というカンポン（村）の旧保健所に泊めてもらった。イェンサワイ村の浜辺ではココヤシの葉がざわめき、時折、老ヤシの実がドスンと予告もなく落ちてくる。今夜は上弦の三日月。浜の裏にマングローブの湿地がある。そこに蛍が無数に集まり、キラキラと点滅を始めた。一斉点滅である。

イェンサワイにはせいぜい四〇戸くらいの家しかない。このあたりのカンポンはいずれもこれくらいの大きさで、浜辺に住んでいる。バタンタ島の先住民をバタンタレ（バカンタレではありません）というが、この人たちは少数派で、多くはビアク島から移り住んできた人びとである。

イェンサワイの村から西にしばらく行くと湾があり、この最奥部に日系の真珠養殖会社がある。日本の角田真珠との合弁会社で、もう一ヵ所バタンタ島の東側に大きな基地を持っている。この会社はワイゲオ島にも

上:サイチョウ空を舞う。
サイチョウはいつも夫婦いっしょ
(2000.5.15)
下:イェンサワイ村の浜と船
(2000.5.16)

基地があり、かなり広大な海域で養殖をしている。稚貝は北スラウェシのビトゥンで栽培されたもので、それを運んできている。日本人は全部で一二人、養殖している貝の総数は三〇万貝になるという。わたしはインドネシア各地で真珠養殖場を訪問しているが、この会社はかなり大規模な方であった。それにしても人里離れ、海と森しかないようなところで何年も働くのだから大変である。ここで働いている日本人は週末にはソロンに行くそうだが、ソロンとて、何かがあるわけではない。カラオケに行って酒を飲むくらいなのかもしれない。

この養殖場の湾を出たところの浜に、小屋掛けして魚を捕っている一団がいた。イェンサワイ村の男数人だ。それに犬が数匹いた。そこを訪れてみた。浜で何をするでもなく男たちは座り込んでタバコを吹かしていた。ピットさんの遠い親戚らしくすぐにうち解けた。そばで薪を焚いて魚を燻している。ヤシの葉で覆われている。魚だけだと思ったら、燻されていたのはナマコ、ロブスター、魚、イノシシの肉などだった。ロブスターまで燻しているので「これはおいしいか」と聞いたら食べてみろというので、お言葉に甘え食べてみた。結構いける。

ついで、グルーパ（ハタ）も食べ、イノシシも食べた。イノシシは犬たちが捕ったそうだ。いずれも商品なので申し訳ないので二万ルピアを置いてきた。男たちは「要らない」と言ったのだが、商品なのでただというわけにはいかない。ウミガメが二頭、仰向けにされて置いてある。まだ生きている。これも食される。アオウミガメだ。以前、バリ島でカメのスープとサテを食べたことがあるが、あまりおいしいと思わなかった。今回、カメを食べたのは、イェンサワイの次の日に泊まったサラワティ島のカリヤム村の対岸の村の教会再建祝いによばれた時である。出されたカメの肉は、コリコリとして、辛い味付けでこれは結構いけた。しかし、ウミガメはずいぶん何度もご馳走になったが、あまりおいしいと思ったことはない。特に卵は黄身がじゃりじゃりしていただけない。白身は固まらない。

食べ物ついでに言うと、カリヤム村で生牡蠣《かき》を酢橘《すだち》を搾って食べたところおそろしく美味だった。あとである日本人に話したら、インドネシアの牡蠣にはあたるのがあると言われたが、何ともなかった。

このあたりの島じまはほとんど原生林に覆われている。鉄木、ダマール（樹脂）を採取するフタバガキ科の木、籐などもまじっている。最近、かなり伐採が進んでいる。かつて韓国企業が伐採をしており、最近ではマレーシア企業が進出してきている。保護林であるが村長や森林局と結託して伐採しているところもある。豊かな森が魚や貝を育てているのだが、将来が心配される。海も外部からの侵入が問題になっている。スラウェシ島のブギス人、ブトン人はもと

日系真珠養殖会社
（2001.3.23）

より、タイ、台湾、香港からも進出してきている。これらは海軍と結託して密漁をしているという。このあたりの浜で、マングローブ林が生い茂っているところにはジュゴンが多数住みついている。ジュゴンはワカメのような海草を食べる。村の人びとはジュゴンを食することはないというが、これも外部の者によって密漁されつつあるようだ。

森には珍鳥がたくさんいる。ピットさんは探鳥ガイドもできる人で、わたしも泥沼をかきわけ、山道を登り、ゴクラクチョウの探鳥に連れていかれた。残念ながら赤い羽根のゴクラクチョウ（おそらくヒヨクドリと呼ばれるフウチョウ）を見ることはできなかったが、声だけは聞こえた。大きな冠を持った「カカトゥア・ラジャ」と呼ばれる黒いオウム（ヤシオウム）は目撃した。大きな音で風を切るサイチョウは無数にいる。白いオウムもうるさいほどだ。姿は見えにくいが、低い声で唸るカンムリ鳩もいる。森の中は不思議な鳥たちの声に満ちていた。大きなトカゲ（Soa-soa）も

上：浜のご馳走（2000.5.15）
下：浜で薫蒸する（2000.5.15）

のっそり歩いている。

人の世界の無情を感じつつも雄大で美しい自然にも魅せられた旅だった。

マリンの人とエコ・ツアー

パプア南東部川沿いの湿原に暮らすマリン[26]（Marind）の人びとは、メラウケのNGO（[27]YAPSEL＝社会経済環境発展財団）を介してエコ・ツーリストを受け入れている。パプア旅行は「僻地冒険ツアー」として旅行ガイドブックには紹介されている。中央高原のワメナなどはその最たる場所で、裸でコテカや腰蓑をつけた「未開人」見学の場所になっている。

26　マリン（Marind）人はメラウケ近くを流れる川沿いの低地に居住する民族で狩猟、採取、伐採などを生業としてきた人びとである。2005年の州の統計ではMarind Aminに分類される人の数は2万1531人だった。

27　YAPSEL＝社会経済環境発展財団はメラウケの有力な環境NGO。代表はマクス・マフセで1999年には警察に喚問されたこともある。

上：ワイゲオ島のホタルの村の夕焼け（2000.3.21）
右下：カカトゥア・ラジャ（ヤシオウム）、ただしこれはマナドの私営動物園のもの（2005.8.16）
中下：アオウミガメもしばしば食べられる（2004.8.13）
左下：大空を雄飛するグンカンドリ（2000.5.15）

森林ツアーをガイドする
マクス・マフセ
(1996.8.1)

もっと普通のイリアンを知って欲しい、悩みや問題を共有して欲しい、最低限、実状を見て欲しい、こんな思いでYAPSELのエコ・ツアーが始まった。

わたしは九六年二月に、JANNI(日本インドネシアNGOネットワーク)の当時事務局長だった津留歴子《あきこ》さんと、メラウケのYAPSELを訪問しエコ・ツアーの可能性を探った。YAPSELの代表のマクス・マフセは穏和で慎重な人物だが、三日の滞在の別れ際に強くも悲痛な叫び声をわたしたちに伝えた。

「ここはわたしたちの土地だ。外国企業は銅でも、金でも、木材でも、欲しけりゃ天然資源などぜんぶ持っていけ。そして、この土地から出ていけ！　二度と来るな！」

やはりエコ・ツアーに来るべきだ、とわたしたちは思い、その年の七月末から八月はじめにエコ・ツアー先遣隊としてメラウケを再訪問した。実に思い出の深い、感激的な旅をYAPSELのスタッフと、マリンの人びとが演出してくれた。メラウケからパプア・ニューギニアとの国境沿いを三〇〇キロほど北上、ムティンという森の中の基地をベースに、さらに大湿原を流れるビアン河を数十キロ遡る。最終地は「ギフラ(Gifra)」という広大無比な大湿原地帯で、鹿、ペリカン、ワラビーの遊ぶ地である。このような大自然の中を狩猟民マリンの人びとが、縦横に狩りをしている。わたしたちも夜中の狩りに連れていってもらった。そしてビアン河で、ナマズやバラマンディ(スズキ目アカ

エコ・ツアーをガイドする
マリンの屈強な男たち
（1996.8.2）

メ科の魚）の釣りも指南してくれた。

マリンの人びとにとってのご馳走はセプ料理である。ムティンに着いた晩にセプが用意された。ボリュームのある重厚なご馳走だ。サゴヤシ澱粉をベースにして、ココヤシの果肉を削ったもの、そして鹿肉（魚でもよい）を混ぜ合わせ、バナナの葉で何重にもくるみ、それを熱く焼けた石の上で蒸し焼きにするのである。

マクスが総指揮をとり、マリンの男たちが手伝う。わた

上：セプ料理。
もう焼けた頃
（1996.8.1）
中：セプ料理の仕込み
（1996.8.2）
下：巨大な川エビの料理
（1996.8.1）

したちも部分的に手伝う。本当は石がいいのだろうが、大きな石があまりないため、ここでは煉瓦を焼いた。焼けた煉瓦を平らに敷きつめ、バナナの葉にくるんだかなり大きなセプ素材を乗せる。その上にさらにバナナの葉を何重にも乗せ、セプのできあがるのを待つ。蛍が樹上に舞い始める。それほどの多さではないがここでも蛍たちは、クリスマス・ツリーのように一斉点滅を始める。

セプが蒸しあがった。みな腹を空かせてよだれを垂らしている。葉が一枚、一枚と剝かれ、とうとうセプ本体があらわれた。マクスが「さぁっ！　取って食べろ」と言う。巨大な長方形厚さは数センチ、ナイフでめいめいが切り、それを皿に取って食べる方式だ。サ

ゴヤシが蒸し焼きになっているので、その部分は固くなったゼリーのようで、中に鹿肉がある。実は、私は二月にもこの料理をご馳走になっており、どれくらいが適量かを知っていた。だから縦横厚さがせいぜい四×七×四センチくらいで満腹になるだろうと予測し、そのように切り取った。

ところが、である。今回の日本から来たエコ・トゥーリスト四人のうちわたし以外は適量がわからなかった。とりわけ大量のセプを皿に盛ってしまった一人は、はじめは物珍しい料理に舌鼓を打っていたが、さすがに食べきれなくなった。だが、捨てるわけにいかない。なぜならマクスはサゴヤシを氏族（クラン）のシンボルにしており、そのシンボルを粗末にしてはならない、捨てるなどとんでもない、と言っていたからである。そこで困った彼女、結果としては蛍の舞う木のもとに密かに捨てたのだが、マクスに夜目で見通されていたように思い、眠れぬ夜となったようだ。

氏族ごとに特定の木や魚や鳥をシンボルにするというのも面白いし、もっと興味深かったのは、狩猟採取に生きるマリンの人びとは、夜目、遠目が想像を絶するほど効くということだ。二キロも離れた湿原を鹿が歩いていると教えてくれる。わが

右上：イモムシ
こんなご馳走もある。
焼くとタラコに似ている
（2002.8.10）
左上：NINDJAの
エコ・ツーリストたち
（2002.8.9）

エコ・トゥーリストはだれも認識できない。双眼鏡を使ってやっとわかる始末である。ムティンをベースにエコ・トゥーリストたちはさらなる奥地ギフラへと案内された。

世界でも群を抜く大湿原を流れるビアン河を遡ること三時間、雨季にはおそらく大きな湖沼と化してしまうのがビアン河中流域である。八月は乾季のまっただ中だからムティンからビアン河までの水路も浅くなり、ところどころ、エンジンつきカヌーは底をつく。そのたびに屈強なわがガイドたちが船を押したり引いたりしてくれる。しかしビアン河本流は滔々と流れている。あちこちで水鳥が群舞する。サギが多い。ワライカワセミや白頭ワシもいる。大トカゲが岸辺の泥に張り付い

上：ギブラに向かう。
時折地元民のカヌーと出会う
（1996.8.3）
下：ギブラの大湿原
（1996.8.2）

上:ほとんど入れ食い状態の釣り大会（1996.8.3）
中上:ホタルの木に大感激、メラウケ近郊（2002.8.10）
中下:ギフラに舞う水鳥（1996.8.2）
下:ペリカンが舞う（1996.8.2）

ている。頭上高くペリカンが舞っている。キンディキという川辺の村でさらに屈強ガイドが乗り込む。ところどころ水中に網が仕掛けられている。

エコ・トゥーリストたち四人は、なんと一〇人以上のガイドに付き添われ、湿原の中枢のギフラに到着した。ここは湿原と、疎林と川しかない。純然たる大自然に天幕を張り野営である。長老ガイドが早速トゥーリストを湿原に招く。「鹿がいるぞ！」と言うが、さっぱり見えない。はるかかなたに四頭の鹿を双眼鏡で確認できたのは二〜三分後のことだ。

夜になるとこの老ガイドは、今度はカンガルーと鹿の見学に連れていってくれた。本当はハンターとともに鹿狩りに行きたかったのだが、足手まといだと拒否されてしまった。老ガイドの足の速いことこの上もない。われらは息を切らし、ほとんど走っていた。時々立ち止まり「カンガルーだ!」などと言うが、これもさっぱり見えない。懐中電灯の光で相手の目が光る。

鳥さえも彼らはたちどころに見つける。マタメラ(赤目)という鳥がたくさんいる。唯一、識別できたのは警戒の声をあらん限りに発したシギ科の鳥、あまりうるさいので「バカナキドリ」などと命名してしまった。翌日は川で釣り大会。大きなナマズ、バラマンディが入れ食い状態である。

翌朝、起きてみると、ハンティングに行った男たちは本当に鹿をしとめて帰ってきた。ムティン、ギフラでは先のセプ以外、鹿の串焼き、巨大川エビ焼き、魚(バラマンティとナマズ)の蒸し焼きを毎日食べていた。さすがにハンティングの本拠地である。こうして、エコ・トゥーリストたちは至福の異文化体験をしてきたのである。

大きな自然に囲まれた至福のエコツアーだったことは確かだ。しかしながら、ムティンのエコツアー基地周辺は今や、ジャワ人移住地に囲まれ始めている。開発の波がひたひたと押し寄せ、マリンの人びとは苦難を押しつけられている。三〇〇キロのミニバスでの旅行中にも、三ヵ所の軍監視ポストで止められ、車をおろされ、誰何《すいか》を受けた。

ジャワから派遣されていた若い軍人は、飼っているオウムやインコを相手にしながら、一日も早い帰郷を願っていた。お互いの不幸がここにはある。国境近くでは数千戸のジャワ人の大移住計画が進行しつつあった。国境警備と、パプアの「インドネシア化」を進める計画である。ムティンにあるYAPSELのエコ・ツアー基地のすぐ近くにも移住村が既にできていた。

移住村

「開発最前線」がそこにはあった。一九九三〜九四年に開かれたジャワ人の移住村シガベル村（Desa Sigabell）がここにつくられていた。マクスはここを見せたかったようだ。マクスが緊張した面もちでわたしたちに注意を与える。村人に「何しに来た?」と聞かれたら「氷と水を買いに来た」と言えという。よそ者に敏感なようだ。とりわけ地元のパプア人には、移住してきたジャワ人が警戒心を抱いているようだ。

森林が切り開かれた跡地は、大地が赤い。すべて平屋で家と家の間もかなり間隔がある。ところどころにワルン（雑貨店）がある。店の前でジャワ人らしき小柄な中年男性に聞いてみた。ここに移住してきた人の出身地は東、中、西ジャワとばらばらで、一世帯あたり二ヘクタールの土地と一軒の家が与えられたという。移住して一年は生活支援金が出される。「一生懸命働けばなんとか食べられる」とこの男は言うが、どうやら並の努力ではないという雰囲気が伝わってくる。耐えられずにジャワ島に帰った人もたくさんいるという。

上：空から見た移住村。
ジャヤプラ近郊（1996.8.7）
下：赤茶けた道の移住村。
ムティン近く
（1996.8.3）

見ると半数近くの家が空き家になっている。マクスが言った。

「インドネシア政府は、貧困をジャワから外の島に輸出し、ジャワを外国人が見ても素晴らしく見えるようなショーケースにしようとしている。移住村での生活に耐えられず移住民が出ていっても森は戻らない。赤茶けた乾燥の大地で苦しむジャワ人と、移られてきて苦しむパプア人、それがこの村だ」

インドネシア政府の進めてきた移住（トランスミグラシ）政策について少し見てみよう。インドネシアの移住政策は、オランダ植民地時代にさかのぼるが、これを最も熱心に推進したのは一九六九年以降のスハルトの開発の時代である（パプアの場合一九六四年に既にスタートしていた）。人口稠密なジャワ島、マドゥラ島やバリ島から、スマトラ、カリマンタン、パプアなど人口の少ない地域への移住政策が進められた。主には貧困世帯が世帯ごと移住することになった。一世帯当たり二ヘクタールの耕地と宅地および二年間の生活費を支給された。政府の狙いは人口を再配分し、ジャワなどの人口過密地帯の貧困を解消しつつ、未開発地域のインフラを整備し、開発を促進しようというもので、パプアやカリマンタンのように国境に接した地域では国境地域の安全保障問題も絡んでいる。どの地域に移住者が多いかを示したのが左の図である。

移住先としての「イリアン・ジャヤ」(パプア)は初期(第一次開発五ヵ年開発計画期間〈一九六九～七三年度〉から第二次開発計画期間〈一九七四～七八年度〉)にはわずかで、第二次計画が終了するまでの移住民は六二九一人でしかなかった。しかし第三次期間中には七万八四〇六人、第四次には移住者が住民総数の二二・三%にもなった。

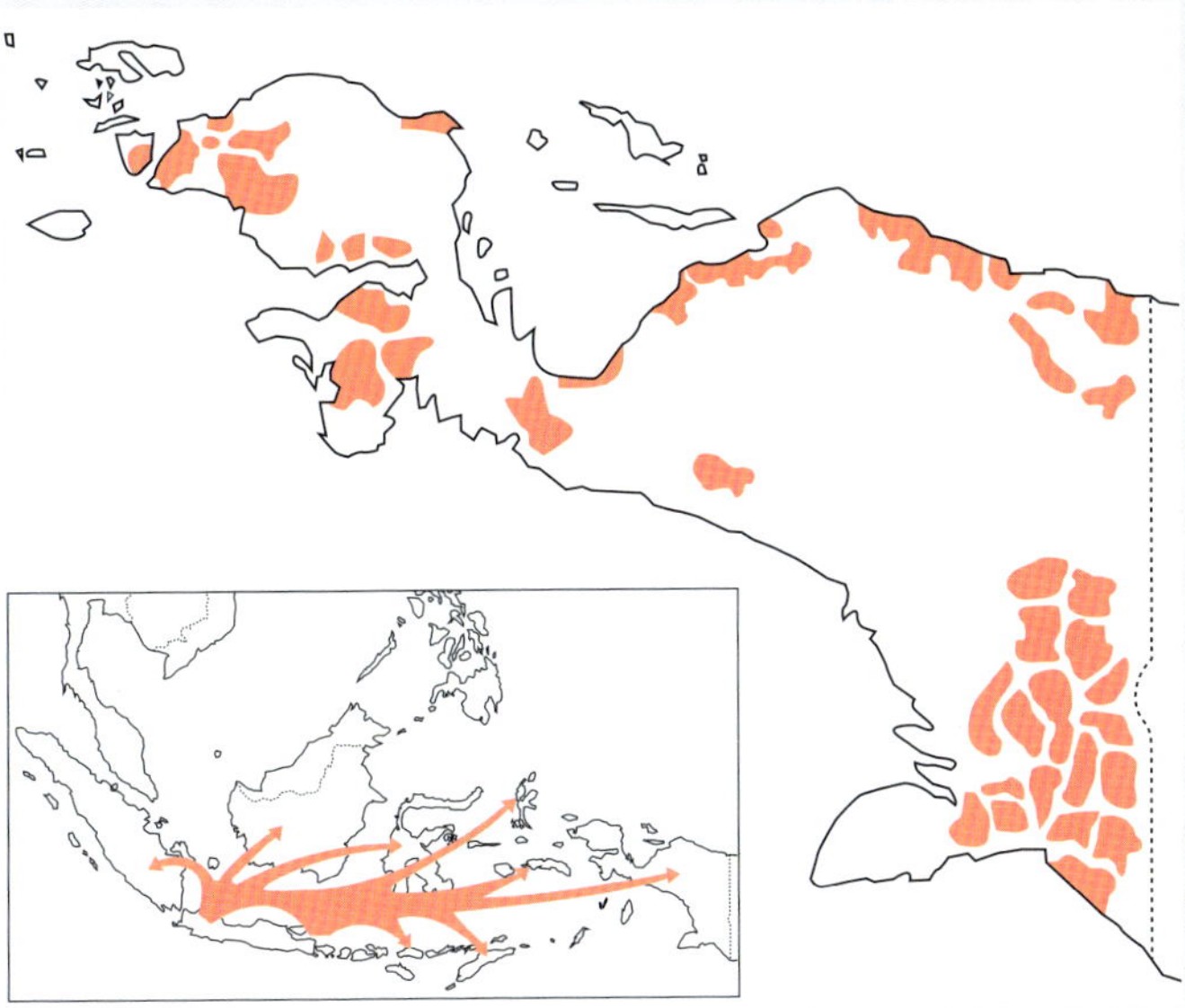

移住者の多い地域

(出所)http://www.cs.utexas.edu/~cline/papua/transmigration.htm

スハルト退陣後、移住政策は一時中断していたが、最近は既に再開されている。そこには住民の強い反対がある。それは先住者の危機感である。いったいどれだけの人が国策移住、あるいは自発的な移住でパプアに住みついているのか。はっきりした統計がないが、労働・移住省の推計データでは、二〇一〇年には、先住者一七六万人に対し移住民一八五万人となっている。既にパプア先住民は少数者になってしまっている。一〇年

国境沿いの道の要所に
軍の監視ポストがある
（1996.8.3）

パプアにおける先住民と移住者の比率

年	先住民（%）	移住者（%）
1977	1887,000（96%）	36,000（4%）
1990	1,215,897（75%）	414,210（25%）
2000	1,505,405（68%）	708,425（32%）
2005	1,558,795（59%）	1,087,694（41%）
2010	1,760,558（49%）	1,852,297（51%）
2020	2,112,681（29%）	5,174,782（71%）

出所）Kementrian Tenaga Kerja dan Transmigrasi

後の二〇二〇年には移住者のパーセンテージが七一％になると推計されている。

さて、ムティンからメラウケに戻る途中、「これからコリンド（Korindo　韓国系の木材伐採会社）に向かう」という一〇人ほどの男性が車三台に分乗して、偶然わたしたちとすれ違った。工場でストが発生したらしい。警察官のような風体であった。このコリンド社が新聞記事になったのはずっと後の二〇〇一年一月一八日のことである。

「イリアン・ジャヤ（パプア）のメラウケで人質事件」と題する記事には以下のようなことが報道されていた。

「イリアン・ジャヤ州メラウケ県アシキのトゥナス・キャンプで、自由パプア運動・民族解放軍（TPN-OPM）を名乗るグループの人質になったコリンド社の社員一二人は一八日、イリアン・ジャヤとパプア・ニューギニア間にある中立地帯に入った。この森林伐採企業の社員に対する人質事件は、大佐を自認する[28]ウィルレム・オンデによって直接指揮されている。その社員の中には、コエンという韓国人も含まれている。ウィルレム・オンデは、人質を解放するために四つの要求を行なっている。第一に、イリアン・ジャヤ州警察の管轄内でTPN-OPMを禁じた州警察長官二〇〇〇年第二号通達を取り消すこと。第二に、イリアン・ジャヤからすべての警察機動隊を撤退させること。第三に、身代金として一〇〇万米ドルを用意すること。第四に、メラウケのアラフル通りにあるバーの二四〇万ルピアの支払いをウィルレム・オンデとその友人たちの名前で、コリンド社が行な

28 ウィルレム・オンデ（Willem Onde）は1961年にメラウケで生まれ、12歳にしてOPMに入った。1994年にはOPMメラウケ地域司令官になり、その頃から「ウィルレム・オンデ大佐」と呼ばれるようになった。6000名の兵士と15大隊を率いていたともいう。以上は*Tempo Interaktif*（2008年9月18日）が報じたものだが、伝説上の人物でもあり、詳細はわからない。同じくもっと有名だったOPM指導者にケリー・クワリク（Kelly Kwalik）がいた。OPM指導者として最も著名で、インドネシア政府にとっては最大の「お尋ね者」だった。特にフリーポート関係で何か事件が起きると必ず彼の名前が出てくる。2009年12月16日に警察に射殺された。彼にも謎が多い。

29　ELS-HAM(人権調査とアドボカシー機関)は1980年代にジャヤプラでつくられたNGOでこの分野で最も信頼ある仕事をしてきた。

うこと、である」

メラウケ県警察署長は一八日朝、『スアラ・プンバルアン』(*Suara Pembaruan*)紙の問い合わせに対してコリンド社の社員が人質になっているという事実を認めた。その人質事件は一六日の一七時ごろ起きたという。

一方、ELS-HAM[29](人権調査とアドボカシー機関)副代表のアルロイシウス・レンワリンは、「ELS-HAMは警察に対し、早急に人質事件を捜査し、犯人を確定するよう求めている」と述べた。アルロイシウスはまた、「ウィルレム・オンデとその一味はこれまで陸軍特殊部隊の支援を受けているため、イリアン・ジャヤじゅう、あるいはジャカルタへまでも自由に行き来できるということは、イリアン・ジャヤでは公然の秘密である」と述べた。

この自由パプア運動によるとされた人質事件(人質は一七人だった報道もあり、うち三人が韓国人であったという)は、その月の終わりにまでは全員が解放されている。身代金を支払ったのかどうか、指導者とされたウィルレム・オンデはその年の九月に死亡が確認されたというが本当なのかどうか、そもそもこの事件の裏には陸軍特殊部隊が絡んでいるとの疑問もあり、真相は闇に包まれている。森林資源を開発する韓国企業が標的にされたことだけは事実である。

もともといた人びとが不安もなく、圧迫もなく平静に暮らすこと、そして自分たちの努力が発展につながる、こうしたことが全く保証されないのが今のパプアの状況である。独立だ、自治

RABU, 17 JANUARI 2001 | 10:28 WIB

OPM Lakukan Penculikan Pegawai PT Korindo

Besar　Kecil

TEMPO *Interaktif*, Jakarta:Organisasi Papua Merdeka (OPM) dari kelompok Willem Onde dilaporkan melakukan penculikan sejumlah karyawan perusahaan perkayuan PT. Korindo, yang berlokasi di hutan Asiki-Merauke, Rabu (17/1). Lokasi perusahaan ini dekat dengan Markas Willem Onde, sebuah kelompok OPM yang kerap disebut sebagai Kodam III-nya OPM.

Sumber TEMPO di Polda Papua menuturkan bahwa aksi penculikan itu dilakukan oleh
anak buah Willem Onde pada Rabu dini hari. Di antara karyawan perusahaan itu yang ikut disandera adalah Mr. Kun, seorang warga negara Korea Selatan.

Kepala Penerangan Kodam (Kapendam) Trikora Irian Jaya, Kol. Siregar, kepada TEMPO Interaktif membenarkan peristiwa ini. Hanya saja, kata Siregar, belum diketahui apakah
peristiwa itu benar-benar aksi penculikan atau karena kesalahpahaman antara kelompok Willem Onde dan manajemen PT. Korindo di Asiki. "Tim dari Kodam Trikora sedang menuju ke Merauke untuk mencari tahu apa sebetulnya yang terjadi" kata Siregar kepada TEMPO, saat dihubungi via ponselnya.

Ketika dihubungi ke markasnya, Willem Onde sendiri tidak berada di tempat. "Pak Willem sedang menuju kilometer 59, tempat kejadian berlangsung," kata salah seorang anak buah Willem Onde bernama Mikhael. Menurut Mikhael, kepergian Willem Onde itu untuk menyelesaikan masalah penculikan itu.

OPMがコリンド社員誘拐と報じた*Tempo*紙(2000.1.17)

だという以前の問題がここにはある、というより、なぜ彼らが独立だ、自治だと言わねばならないのか。そのことは「天然資源」を求めてやまぬわたしたちの問題でもあるのではないだろうか。

ファクファクのトビタマ

アラフラ海のアル諸島は、ニューギニア島西部の南、オーストラリアの北にある。いちばん大きな町はドボ、その昔、日本から出稼ぎダイバーたちが住み着いていた町である。ダイバーは南洋真珠の母貝である白蝶貝を採貝していた。アル諸島周辺海域には、ダイバーたちも海の中で出会っただろうジュゴンがたくさんいる。

ジュゴンはクジラと同じ海棲哺乳類で、人魚のモデルとして有名だが、各地で絶滅が叫ばれている希少動物でもある。パプアにファクファクという町がある。アル島の北西、ここもアラフラ海に面している。町の名前が何とも気になっていたので二〇〇五年八月にこの町に出かけてみた。ファクファクはパプアでは珍しくムスリムの多いところでもある。

ここでも地元のNGOであるYASOBAT（東部地域発展社会財団）代表のラ・オデ・ハリフさん（スラウェシの出身）にお世話になった。なんと、人になついたジュゴンがいる

ファクファクの
白い浜は有名
（2005.8.12）

右上：ジュゴン
左上：NGO YASOBAT（東部地域発展社会財団）代表のラ・オデ・ハリフさんと娘
中右：トビタマの業者（2005.8.12）
中左：ヤシの木。葉がない（2005.8.11）
下：ファクファク市内。古い感じがする。

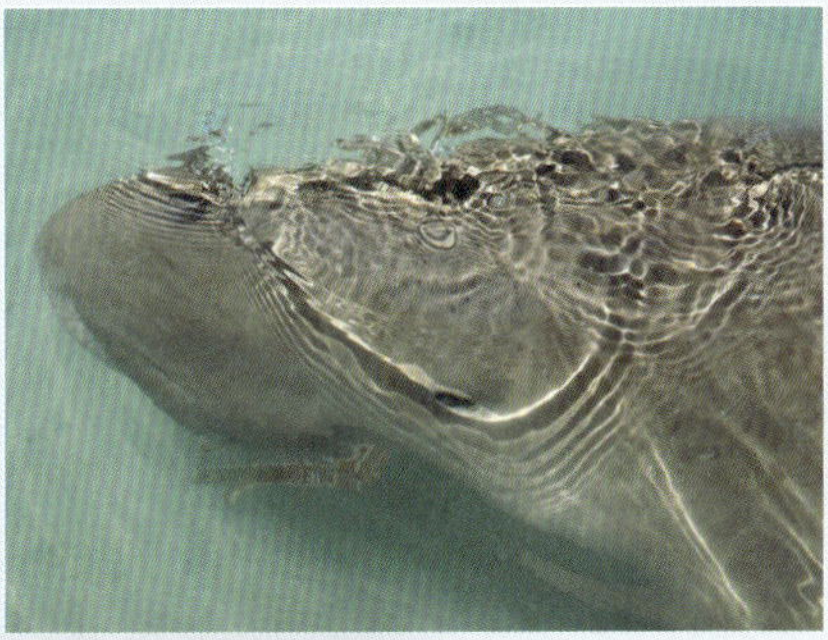

ので見に行こうという。浅瀬の白砂の海、カヌーに乗せられた。船側を手で叩くと二頭のジュゴンが寄ってきた。頭を撫でても逃げはしない。四頭がなついているという。NGOスタッフはエコ・ツアーの目玉にしたいと言っていたがちょっと不便な場所で、到着するのは容易だが、帰路の確保が難しいところでもある。ジュゴンは時速三キロでしか進まない。海草のアマモを食べる平和的な動物だ。食べるとおいしいらしい。牙(歯)は象牙のように商取引されている。人間に近いジュゴンにとっては受難の時代がずっと続いている。沖縄の辺野古でも海上基地建設で住処を追われようとしている。

ファクファクではもっと不思議なものを見た。この町ではトビウオの卵(トビタマと略す)漁が盛んに行なわれていた。日本向けである。かつては、スラウェシ島とボルネオ島の間のマカッサル海峡がトビタマ漁の中心だったが、乱獲で資源枯渇、ファクファクに移ったようだ。トビタマ漁をしていたのは南スラウェシのマカッサル人やブギス人やマンダル人[30]の漁民だった。日本の商社が商品開発をし、日本に輸出、回転すしのネタとしたり、着色してイカとまぶしたりするあの魚卵である。

トビタマ漁はトビウオの産卵期、船からロープで籠を引っ張り、その籠にトビウオを呼び寄せるのである。籠の中にはヤシの葉が吊るされていて、そこに産卵するという仕掛けになっている。そのために大量のココヤシの葉が使われる。町からヤシの葉がなくなったと地元の人は嘆いていた。ファクファクに住む人とトビタマ漁はほとんど関係がない。少数のスラウェシからの移住者がおこぼれに与かっているくらいだ。ここでトビタマがとれなくなったら今度はどこにいくのだろうか。

30 マンダル人は南スラウェシ、西スラウェシに居住する海洋系の民族。秀麗な小型の帆船サンデク(Sandek)をつくることで知られている。

ビントゥニ湾の
オトウェリ集落
（2006.3.5）

ビントゥニ湾――マングローブ、エビ、LNG

豊かなパプアと開発の脅威をもう一ヵ所紹介しよう。パプアの頭、恐竜の頭は大きな口をあけている。その喉の奥の方がビントゥニ湾である。東西およそ一二〇キロ、南北約四〇キロの巨大な入り江である。海にはイルカが跳ね、ペリカンが舞い、ウミウやカモメ類が無数に飛ぶ。エビの影も濃厚である。わたしが今まで見たマングローブ林でもとりわけ濃密なマングローブ林がある。樹高数十メートルにも達する木がある。

ここで日本の商社（丸紅）が一九九一年に不法伐採をした。当時、丸紅は単なる融資であって伐採に関与していないとの立場をとっていたが、新聞社の追及があり、ブムウィ社（PT.BUMWI）とともに言い逃れができなくなった経緯がある。結局、環境大臣も不法伐採を認め、ブムウィ社は三五億ルピア（約一億八〇〇〇万円）の罰金を課せられることになった。

ジャヤプラのＮＧＯであるＹＰＭＤは、ビントゥニ湾の開発問題にいち早く取り組んでいた。一九九四年、ＪＡＮＮＩ（日本インドネシアＮＧＯネットワーク）はＹＰＭＤと共同でビントゥニ湾の開発と環境問題に取り組もうということになって、まず新妻昭夫氏とわたし

が行くことになった。それ以来二〇年近くビントゥニ問題にかかわることになった。

このビントゥニ湾には、イラルトゥ（Irarutu）、ワメサ（Wamesa）、シムリ（Simuri）、セビアール（Sebiar）、イドール（Idor）、クリ（Kuri）などさまざまな先住民族が居住し、この人びとはマングローブ林とその海とに生活の多くを依拠しながら生活してきた。企業によるマングローブ林伐採

上：マノクワリ近くのサンゴ礁（2006.3.8）
中：バボの町には商店は数えるほど（1996.3.26）
下：ゼロ戦残骸（バボ、1996.3.24）

上：世界有数の
ビントゥニ湾のマングローブ林
（2006.3.6）
下：マングローブ伐採の「入り口」
（2006.3.6）

はその後も続けられていた。九四年に新妻さんとわたしがYPMDのスタッフと湾内のマングローブ林を見て回っている最中に、マングローブ伐採会社の警備艇に捕捉されたことすらあった。

ビントゥニ湾は交通の便の悪いところで、ここの中心地バボに行く場合でも、マノクワリから週三便の一七人乗りツイン・オッター機でゆく以外になかった。この便もきわめて不安定で天候によって簡単にキャンセルになり、また予約乗客が多いため、容易には切符を入手できない状態だった。バボ飛行場で飛行機がバナナの樹に引っ掛かり墜落したという話もある。バボの飛行場は集落からおよそ一キロほど離れている。滑走路は未舗装。日本軍のゼロ戦残骸二機、輸送機残骸一機、その他戦争の残骸と思われるものが多数残存している。中学校の校庭の端にもゼロ戦一機がある。現在はもう少しアプローチしやすくなっている。

バボは行政的には郡庁所在地で、郡役場以外に、軍（Koramil）、保健所（Puskesmas）、郡警察（Polsek）、地方開発銀行支店（BPI）などが存在している。これらの役所の並ぶ通りが飛行場から近いところにあり、その人々の住居やマングローブ林伐採会社の一つであるウキサリ（WUKIRSARI）社の宿舎がその

上：海岸線すれすれで
違法操業するエビ・トロール船
（1996.3.25）
中：ジャヤンティ系のエビ工場
（2006.3.9）
下：かつてのエビ会社は
今は無惨（2006.3.5）

近くにある。ここから海辺までおよそ五〇〇メートル。その間に教会、モスク、住居集落がある。先住民族たちと会社の関係は、補償金授受の問題などあり険悪であった。

　より大きな不満、批判は外部企業によるエビ・トロール漁である。わたしたち自身も、トロール船が海岸線すれすれで操業している場面に何度も出会った。このエビ・トロール船は、東部インドネシアで名高いコングロマリットのジャヤンティ[31]社の系列の操業するもので、九四年当時は一〇〇隻近いトロール船が操業していた。多くは三〇～四〇トンの小型木造トロール船だった。しかし、ジャヤンティ社はスハルト側近企業で、スハルト退陣とともに倒産し、現在は操業していない。

　この会社の評判が極めて悪かった。一〇〇隻ものトロール船がほとんど海岸線すれすれで操業している。会社の給料も極めて安い。多くの女性労働者は出来高払い、殻剥きで一キロ五〇〇ルピア、一日三キロで一五〇〇ルピア（約八〇円）にしかならない。食事も支給

31　ジャヤンティ（Djajanti）は一社の会社ではなくグループ名。スハルト時代に権勢をふるった。特に東部インドネシアのマルク、パプアでは木材伐採、合板、エビ・トロール漁など幅広く経営していた。代表はスハルトに近かった華人のブルハン・ウレイ。

ビントゥニ湾の水鳥
（2006.3.6）

されない。地元の人間は近くに小屋のような家を建てて住んでいた。飛行場の建物をジャヤンティ・グループが建設し、ラディウス・プラウィロ大蔵大臣まで呼んで竣工をしたが笑い者になっていた。土地の人はあまり雇わない。また工場内売春があるという。何とも凄惨な工場だ。
ビントゥニ湾は上空から見ると明らかだが、まさに世界最大級のマングローブ密生地帯である。しかし、これも上空から見るとはっきりするが、伐採がかなり進行している。このマングローブ林の伐採権は既に国家によって外部企業に売却されてしまっている。今後、伐採がますます進んでいくだろう。その環境面での深刻な影響が懸念される。同時に、マングローブ林に依拠してきた住民の生活にさまざまな支障が出はじめている。住民は外部企業による伐採に相当な不満を募らせている。

ビントゥニ湾での
エビ刺し網漁
(2006.3.6)

会社側は植林しているというが、とても追いつかないペースで伐採が進んでいる。前は海岸線(満潮時)から二〇〇メートル以内の伐採が禁止だったが今は五〇〇メートルになった。拓伐方式で、大木を切ってはいけないことになっている。しかし監視の目はほとんど届かない。

BP社によるLNG開発

エビの会社が撤退すると、今度はLNG開発が始まった。国際石油資本の中でも世界で有数のBP(二〇〇八年度・売上高三六五七億ドル)社がこの開発を手掛けた。石油メジャーでは、ロイヤル・ダッチ・シェル、エクソン・モービルについで世界第三位。桁違いな金持ち会社であり開発力を有する。

BP社をオペレーター(参加権益保有三七・一六%)とするタングーLNGプロジェクトは年産七六〇万トンが見込まれ、二〇〇九年七月から供給が始まっている。このLNG開発プロジェクトは、二〇〇五年三月の最終投資決定から約四年の期間を経て本格的な操業を開始したことになる。

このプロジェクトには中国海洋石油総公司(CNOOC)一六・九六%、のほか日本の会社も参加している(三菱商事、国際石油開発、新日本石油、兼松、三井物産、エルエヌジージャパン、住友商事、双日など)。日本側の権益保有は四五・八八%にのぼるので、BP社を上回っている。総投資額五〇億ドル(六〇〇〇億円)といわれるこのプロジェクトの現場周辺を何度か見る機会があった。

かつてはエビ・トロール船が無数に操業していたビントゥニ湾に、今やガス開発の槌音が鳴り響いていた。湾には点々と沿岸の集落がある。もともとは零細な漁民たちだった。エビ・トロール船は漁場を荒らした。BP社は、パプアで操業してきた米鉱山会社フリーポート社の「失敗」を多く学んできたようだ。フリーポート社は、スハルトとインドネシア国軍に守られ、野放図な採掘事業をしてきた。住民の追い立て、鉱滓垂れ流しによる公害・洪水、抵抗する者の圧殺があとを断たなかった。

BP社は「住民対策」を慎重にやっているように見える。わたしたちも知っている地元NGOスタッフも動員されている。移転させられる集落には、超がつくような近代的住居が用意された。しかし確実なことは、ここに落とされるカネはほんのわずかだということだ。そして恩恵を受ける者とそうでない者の格差がいっそう開いていくこと、幹部社員はすべて外からやってくること、などである。

BP社のスピード・ボートが、ビントゥニ湾をわが物顔に縦横に走っている。開発からいつも置き去りにされ、時には大きな被害を受けるのは決まったように辺境の民である。ビルマ民主化に立ちはだかる軍事政権、これを大きく支えてきた中国は、ビルマに石油・天然ガス利権を有しているという。多国籍巨大企業による天然資源開発は世界のいたるところで人びとのあたりまえの日々の暮らしを破壊している。

上：ペリカンが住み着いた
ビントゥニ湾のオトウェリ集落
（2004.8.17）
下：オトウェリ集落のオウムおばさん
（2004.8.7）

第五章

希望のパプア

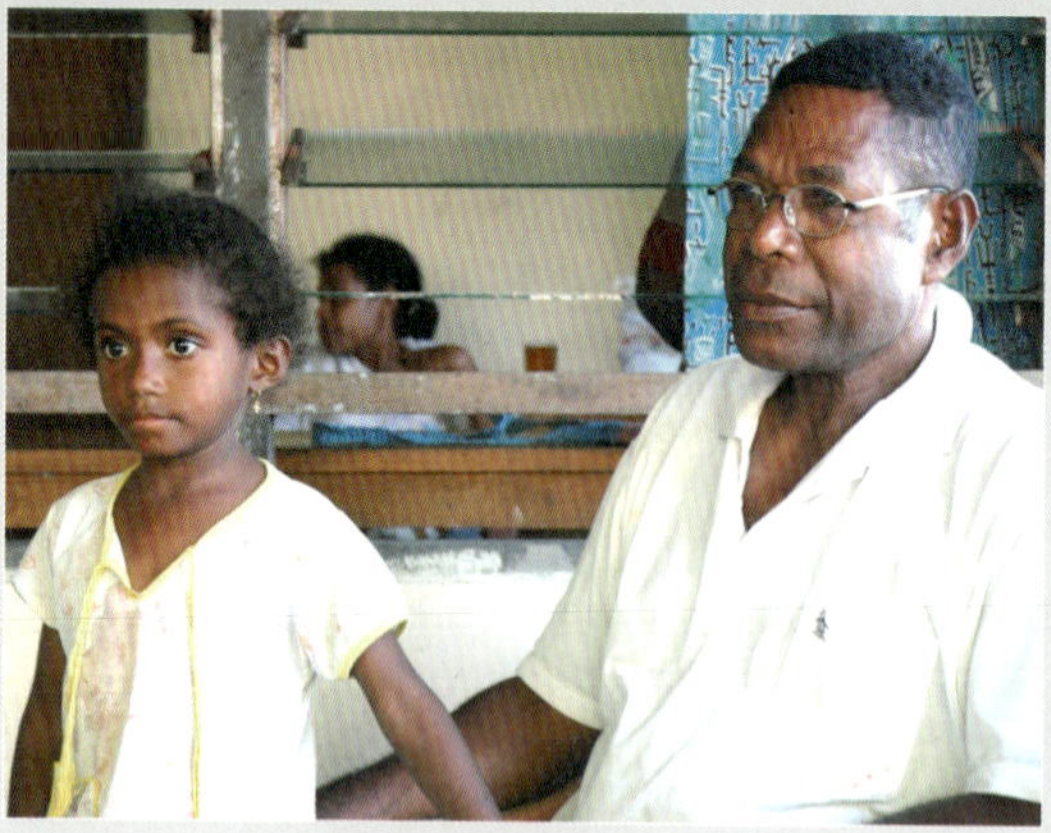

ペトルスさんと
お孫さん
（2011.9.11）

ペトルスさんのタブラヌス村

パプアで一番初めに訪れた家がペトルスさんの家だ。第一章に書いたが、ペトルスさんの家は、ジャヤプラ県デパプレ郡エンティエボEntyebo村（通称タブラヌスTablanusu）にある。一九九三年二月一二日に訪れてから何十回もこの家にはお世話になっている。

タブラヌス村の浜は大きめの玉砂利が敷きつめられたような石の海岸である。村の中もこの玉砂利で覆われている。その当時の浜にはシングル・アウトリガーの刳《く》り舟（丸木舟）が約三〇艘、エンジンつきのダブル・アウトリガーの刳り舟が一〇艘ほどあった。タブラヌス村の面積二三〇・五ヘクタール、人口は男二一六人、女二〇〇人、合計四一六人、世帯数八二戸（世帯平均人員五・一人）、宗教は全員がキリスト教徒（プロテスタント）となっている（二〇〇〇年四月のデータ）。

生業は公務員一二人、軍人一二人、商業四人、農民六〇人、職人一〇人、漁民八〇人となっている。学歴でいうと中卒が二〇人、高卒が二一人。村には中学校、高校はない。自家発電装置が村に来たのは二〇〇〇年ころのことで、夜の一二時まで各家庭に電気が供給されるようになった。テレビはその頃まだ六台しかなかったが、今はずいぶんと増えた。

ほとんどの家が刳り舟を持っている。大半の家族は何らかの形で漁業に従事している。海面漁業の他に、村の裏手にあるかなり大きな汽水池で二〇〇〇年ころから営まれるようになったミルクフィッシュ（和名サバヒー。ネズミギス目サバヒー科の魚で銀白色で美しい。パペダのスープにしたり、油で揚げたりして食べる）の養殖もある。村の生業は漁業だけでなく、ココヤシの栽培、果樹（マンゴーなど）の育成、森林での簡単な焼き畑を利用したイモや野菜の栽培もある。また主食になったり、建材としても有用なサゴヤシも栽培している。要するに海と森に依拠した暮らしをしているのである。

どんな家に住んでいるのだろう。オンドワフィ（慣習法長）候補のミングスさんの家が典型的だが、伝統家屋は杭上住居で床、壁はサゴヤシの葉柄を建材とし、屋根はサゴヤシの葉で葺いてある。風通しの良い快適な家屋だが、近年は次第にこうした伝統家屋は少なくなり、トタン葺きの平床煉瓦づくりの家が多くなってきている。ミングスさんはまだオンドワフィ

上：タブラヌス村のメインストリート
（2010.1.31）
中：シングル・アウトリガー船
（1994.7.31）
下：船頭の彫刻は氏族のシンボル
（1994.7.31）

になれず、家もあまりに老朽化したので建てなおしたようだ。

タブラヌス村で特徴的なことは氏族（ケレット Keret ないしマルガ Marga）によって居住区がまとまっていることである。村には一〇の氏族があり、村の西側にはスワエ（Suwae）族、東側にはソウミレナ（Soumilena）族、中央にはそれ以外の八つの氏族――ダニャ（Danya）、ソロントウ（Sorontouw）、ジャカリミレナ（Jakalimilena）など――が居住している。氏族とその住み分けは海の権利と大きく関わっている。ここでいう海の権利とは、地先の珊瑚礁リーフ内での漁労、採取の権利である。村でこの権利を持つのは西側のスワエ、東側のソウミレナ、中央のダニャの三氏族に限られている。

浜の漁業権とかかわるティアイティキ（サシ）の話を少しだけ紹介しておく。

「サシ」（sasi）ないし「ティアイティキ」（tiaitiki）は、マルクやパプアで行なわれている。普通はサンゴ礁の海に適用される魚の捕獲禁止である。個々の品目別禁漁・禁採ではナマコやイワシの一種のロンパ、白蝶貝やココヤシなどに適用されるものである。

パプアでは、主には海岸に住む人びとがサシをやっている。サシというのはもともとマルク諸島やパプアのビアク島（北海岸の島）の言葉で、ジャヤプラ周辺ではティアイティキという言葉が用いられる。

サシは氏族集団（Marga）の持つ権利である。サシはオンドワフィと称するサシ指令者によって行なわれる。オンドワフィの地位は氏族集団の長よりも高

右：ミングスさん（1996.2.8）
左：ミングスさんの家は老朽化（1996.2.8）

い。サシとは「珊瑚の海での禁漁」のことである。オンドワフィは男で、その地位は相続される。長男が相続する。珊瑚の海の範囲とはカヌーを漕いで行ける範囲である。オンドワフィが禁漁を宣言すると一切の漁はできなくなる。禁漁期間は六ヵ月から一年、場合によっては二年になることもある。サシが行なわれるとそこの海には標識の木の棒が立てられる。

珊瑚礁の外でも幾種類かの魚には取り決めがあり、オンドワフィの権力が及ぶ。たとえばトビウオやダツ（イカン・サコ ikan sako）にはサシが適用される。また、陸上の木（船材用）や大理石にもサシがある。禁漁を破ると制裁がある。一回目、二回目と回を重ねるごとにその罰が重くなる。サシが明けると盛大な祝宴が行なわれる。その時には大規模な漁が行なわれ、歓喜の歌が歌われ、あらゆる人に魚が均等に分けられる。客人といえども分け前に隔てはない。

二〇〇四年八月にタブラヌスの近くのカントゥ・ミレナ（Kantu Milena）という村に何人かのNINDJAメンバーが訪問した。それを記念してティアイティキが実施された。村長と慣習法長が出てきて一連の儀式が行なわれた。ティアイティキを海で示す標識の木はナツメグの木と、ニボンヤシの葉であった。慣習法長によれば今度あなた方が来るまではティアイティキは明けないという。ずっと気になっているが、どうしたのだろうか。

二〇〇〇年三月、わたしはタブラヌス村を久しぶりで訪れた。午前一〇時ころ、デパプレの渡し場から警察官アモスさん（一九ページ参照）の家に立ち寄る

右：サワラが釣れる（2000.5.4）
左：デパプレ近海のルンポン（漁礁）（1994.7.31）

上:カントゥ・ミレナの慣習法長がティアイティキを開始
(2004.8.12)
下:ティアイティキの標識
(2004.8.12)

と、アモスさんはわたしが以前持参した釣り道具を携え、一緒に村に行くと言う。

今日は波が高い。アモスさんはタブラヌスまでトローリングの釣りだ。家付き漁礁(ルンポン)が四つ設置されている。カヌーの釣り船四〜五隻に出会った。

船が浜につくとペトルスさん宅に直行し、村長を交えておしゃべりする。村長曰く、村は遅れているなどと言う者がいるけど、村にはもともと学識・知恵(ilmu)がある、たとえば、空が赤くなると雨が降るなどといった伝統の教えがある。

村には大きな経済格差はない。たいていの家は同じような規模で、とりわけの金持ちもいない。どの家も、庭に同じようなものが植えられている。観賞用の蘭(デンドロが多い)、パパイヤ、マンゴー、ピナン(ビンロウジ)、ジャンブー(グアバ)、メンテ(カシューナッツ)、唐辛子、カンボジャ(プルメリア)、サボテン、ココヤシ、バナナ、虎の尾、ハマユウ、ユーカリ、ナンカ(ジャックフルーツ)、ソテツ、パンの木、ニピス(すだち)、ブーゲンビリアなど。

上：屋敷地には花も有用植物もいっぱい（2010.1.31）
中：村の教会（2010.1.31）
下：墓地（2010.1.31）

昼食が出てきた。パペダを魚の辛いスープで食べる。サゴヤシとキノコをサンタン（ココナツミルク）で煮たものでおいしい。そのあとはしばし昼寝。昨晩寝ていないのでぐっすり寝てしまった。

村は予想外に個人的生活に徹している。五～六歳の女の子が甲斐甲斐しく丁寧にブラシで洗濯をしている。水汲みもよくやる（村のしつけだと村長は言う）。東風は四月からだが、今年はおかしいということだ。

娘がマンゴーを立ち食いしている。子ども三人がパパイヤの実を落としている。鬱蒼たる急斜面の裏山でオウム、インコがわめいている。

ペトルス村長が釣りから帰ってきた。釣果はさほどなし。小魚数尾、ヒイラギ一尾は大きいがサメに半身を食いちぎられていた。舟を浜にあげるのを二人の子どもがさっと出て手伝う。舟で遊ぶのは厳禁。誰もが注意する。ニワトリが餌探しをしている。

村長の家の裏の作業場で大きなカヌーを大木をくりぬいて手造りしていた。前部三ヵ所の隙間は閂《かんぬき》が食い込ませてある。

電気が一七時三〇分に灯った。口笛、歌、ピナン、クレテク(丁子タバコ)。近くパプア大会議の話。村には街灯が灯るようになった。電気は各家が自力で発電機を買い、電線を設置する。

夜、村長とわたしだけ先に食べる。すだちのスープのパペダ、ライス、pandaiと呼ばれるサツマイモ+砂糖+ココヤシの団子がおいしい。煮魚、野菜。その後、オンドワフィ候補者のミングスさんが来て、悪天を嘆いていた。この男いつもぼやいている。

村長の給与は三ヵ月一〇万ルピア。村長を含め、六人の村役人には政府が三ヵ月一〇万ルピアを支給する。ペトルスさんは八六年から今日まで(二〇〇〇年まで)一四年間村長職にある。小学校教員は月一〇〇万ルピアの給与。国軍軍人コストラッド(Kostrad　陸軍戦略予備軍)が村に一〇人が駐屯している。村を監視するためで、村長らは迷惑がっている。

ペトルスさんの長男ヤンセンは成長し、青年になっている。五八歳の漁民のおじさんが来る。ペトルスさんと同族の人だ。

以前、村に駐屯した
軍の有在を示す標識
(1996.2.8)

浜造船（1996.2.8）

ペトルスさんと釣りに行く

翌日（二〇〇〇年五月四日）、五時三〇分に起床。まだ薄暗い。曇り。波はおさまる。甘いコーヒー、浜で軽食。今日は村長と市場に行き、そのあと釣りに出ることにした。

浜辺にシングル・アウトリガー船（刳り舟）がある。

全長七メートル、本体幅上部二五センチ、胴部三五～四〇センチ。

船首に突き出た彫刻二〇～二五センチ、鳥、魚などペンキで着色、彫刻下部は人が支える形。船尾胴部に目の彫刻。船体脇上部を横縞の彫刻、コオロギ、魚、などのややデフォルメした彫刻がほどこされ、白地に黒く浮き出る。

ほぼ中央部に縦一・二メートル、横一・三メートルの作業座席がしつらえられ、竹網座席は舟からは左右に突出している。

アウトリガー（腕木）は海面に向かって湾曲した丸い材木。座席部上部、下部から発している。

浮きは前後が細くなった五メートルほどの軽材。

腕木と浮きは浮きに×状に組み込まれた細材二本が腕木を支えるようになり、その支部はナイロンの細いロープで縛られている。腕木中央に両腕木をつなぐ二本の棒があり、その先端部に鳥の形をした板木がある。

漁具として銛（四メートル）、ヤス二本（四メートル）、ほかに水掻き出しポリタン半分、ロープ、櫂は木製のへら状一枚木材一本、全長二メートル、へらの部分幅一五センチ　縦四〇センチ。

この地域にはトプラ(Topra)族、モイ(Moi)族、マリブ(Maribu)族、オルム(Ormu)族が住んでいる。言葉を聞けば違いがわかる。タブラヌスはトプラ語をしゃべっている。

今日は渡し場のデパプレで市の立つ日である。市は火、木、土の週三日。ペトルスさんと市に行く。

市で売られているもの。Luxの石鹸、本、サツマイモ、味の素・味元、ヤシの実、塩、キュウリ、マンゴー、ヤムイモ、タロイモ、シンコン(キャッサバ)、ピナン・シリ(ビンロウジとキンマ)、トマト、長豆、赤タマネギ、ニンニク、サゴ澱粉、バナナ、唐辛子、豆、サグ・ピサン(バナナの葉で刳るんだ粘りけのある甘い菓子)、ナンカ(ジャックフルーツ)、トウモロコシ、魚の薫製、ツチネズミ(tikus tanah　ティスク・タナ)の焼いたもの、ニピス(すだち)、クラン・コドック(keran kodok)と呼ばれる貝(バカ貝)、アンバ(amba　巻き貝)、レモングラス、プタイ(petai　苦い長豆)、ミカン、イワシ、たばこ、ウリ、カボチャ、卵、レモン、落花生など。

埠頭のそばに次々に魚が漁師によって運ばれてくる。商品化されているのはカニ、エビ、イカ(小)、キビナゴ、アジ、サワラ

右:デパプレの市に行く
左:燻蒸した魚が並ぶデパプレの市
(2000.5.4)

(tenggiri)、カジキマグロ(layar)、キハダマグロ、赤魚、グルーパ(ハタ)など。町から来た買い付け商人は華人のようだ。魚を仕切っているのはおそらくブギス人だろう。

ペトルスさんは釣り餌用のアジを買った。

八時三〇分〜一三時、しばらくトローリングののち、タンジュン・メラの裏と標識ブイの近くで岩を袋に入れた碇を降ろして釣る。ロング・ボート。普通の小舟は海に漂って釣る。餌はイワシ五尾、それがなくなると釣った魚を餌にする。ペトルスさん、操舵手と助手とわたしの四名が釣る。ペトルスさんが一番よく釣れる。操舵手は格好はいい男。引きは鋭いがあまり釣れない。水深一〇〇メートル以上の底魚を狙う。釣果、サワラ一尾、赤魚 大一、中数尾、イトヨリのようなきれいな魚数尾。海は穏やか、北風(海風)が出てくる。

帰宅。食事、昼寝、雑談。屋根のトタンは五年で壊れる。サゴヤシの葉の屋根は一〇〜一五年も保つという話。

一七時三〇分、教会のマンディ場(水浴場)を借りてマンディ。ここは普通使われていない。ペトルスさんは裏の家で家庭礼拝。彼が意外に信仰熱心なことを発見。女房はそこに行かず調理をしている。子どもたちが薪割り、水運び。

右:釣果はまずまず(2000.5.4)
左:カツオをゲット(2000.5.4)

五月五日(金)　雨のち薄曇り

今日は早々と釣りに出る。六時二〇分に村の近くでサワラ二尾をゲット。一尾は小さい。イカリ、デモイの漁民と出会う。ケンブレウという薄い魚を釣る。底魚はあまり釣れない。グルーパ(ハタ)は小さい。

タンジュン・メラを回ってかなり東の方まで行く。サワラ小一、大一。タンジュン・メラ沖で碇。ケンブレウ一尾。次は別のところでグルーパ、赤魚。思ったほどは釣れない。遠くトロール船底引きの音が聞こえる。西の山からはチェーンソーの音。しかし静かな海だ。イルカ二〇～三〇頭の群に出会う。小漁船多数が漁に出ている。

帰路、タブラヌスの西の村二つの近くでトローリング。一つは白砂のカンポン。午後二時戻る。オオルリアゲハ、ウラギンシジミを見かける。

昼飯三時頃。パペダ(酢辛)、魚。

子どもは学び働くというのはオランダ植民地時代の徹底した教育だった。インコの群。五月四日付の『チェンドラワシ・ポス』(地元紙)によると、学生が紅白旗に敬意を表さなかったため、騒ぎが起きたという。この日は教育の日。

村ではビッグニュース。大工が亡くなった。死んだ大工はヨハン・テンガロア、六四歳。長患いの末の死だった。今晩が通夜。線香の匂いが漂う。

西風が強かったが夕凪。今度は陸風(angin darat)になる。この村は一九四五年にできた。それまでの旧村は戦火を受けたりしたのと水の問題があったので、移らねばならなかった。もともとここに村人の畑があったなどで、ここに移ったという。

上:タブラパス村の子どもたち（2003.8.4）
下:村の男たちの食事と話し合い、"NGO警察官"アモスさんもいる（2000.5.4）

大工さんの親戚縁者がつめかけてきている。
夕食は飯、野菜スープ（デジ、木の葉susuという）、揚げ魚（pandei）。

五月六日　曇りのち晴れ

ペトルスさんの政治体験談を聞く。

インドネシア人はわれわれのことをヘワン（家畜）などと言う。今までのインドネシア史ではパプアさえもマジャパイト[32]の版図にあったと言うが、冗談ではない。今パプア史の見直しと社会的な認知の動きが出てきている。ここにはここの適正技術というものがある、それで十分だ。

六時三〇分〜八時、デパプレへ。葬式のためタブラヌスに戻る。家のあたりをうろうろとする。葬式はなかなか始まらない。墓掘りを若者が始める。デパプレの女性牧師キンティさんも大工の哀悼に来ている。ミツバチがマンゴーの木に分蜂した。

一一時、アモスさんが葬式に合わせて来る。アモスさんの話では、フリーポート社で貯水湖が決壊し、被害が出た、

32　マジャパイト王朝は13世紀末から1527年ころまで栄えたインドネシア史上最大の王朝といわれる。東ジャワが拠点。版図はジャワ、カリマンタン、スマトラ、スラウェシ、マルクまで及んだといわれる。しかしパプアはその範囲にはなかった。

上:村の葬式(2003.8.4)
中:墓地で別れを告げる(2003.8.4)
下:タブラヌス村にはとうとうコテージまでできた(2011.1.31)

一四人死亡、操業できない状態だという。

一三時、郡長一行が花輪を持って舟でやってきた。ペトルス村長は教会に。穴掘りが終了(一三時一〇分)。多くの人びと参集。一三時二〇分、教会のカネが鳴る。一時雨。北は晴れている。

教会から楽隊、花輪の子どもたちが行進。大工の家に花を届ける。家で儀礼。ペトルスさんが司会。おんなたちひときわ泣く。教会まで遺体を運びながら行進。教会で葬送礼拝。一時間ほど。ツバメが舞う。墓地に行進。埋葬。献花。

一六時四〇分すべて終了、共同体はまだ生きていた。

ペトルスさんの住むタブラヌス村はわたしにとってパプアの原点のような村だ。しかしこの村にも今や電気が灯り、それどころかデパプレとの間にアスファルト道路ができた。休日になると海水浴客が大勢押し寄せてくる。立派なコテージさえ建設されている。ペトルスさんは嘆くでもなくこの様を眺めている。

セフナットさんのダウィ島

いつか食べてみたいものの中にヤシガニがあった。ヤシガニはインドネシア語ではクピティン・クナリという。クナリはカシュー・ナッツのような実だ。これがどうしてそう呼ばれるようになったか知らないが、ヤシガニは文字通りココヤシの実を食べる。老いたヤシの実をハサミで自ら剥いて、中の果肉を食べる。ヤシの繊維状の果皮が散らかっていたらヤシガニがいると、パダイド諸島（ビアク島東南のサンゴ礁の島じま）の人はいう。

わたしが是非ヤシガニを食べてみたいと言ったらセフナット（セフナット・ルンビアック）さんが、では、と言って、ヤシの実をあちこちカニの出そうなところに仕掛けてくれた。これは既に実を割ってあるのでカニは労せず餌にありつける。昼間に仕掛け、夜の八時頃に行くと、案の定三匹のヤシガニがかかっていた。一つはかなり巨大、あとの二つはまだ子どものようで、これは逃がした。

捕まったヤシガニは、強力なハサミが危険なので、紐で縛って、軒下に吊された。島の人はヤシガニなどにあまり見向きもしていないようで、魚が第一なのである。白い浜が引き潮になるとたくさんのシャコ貝がいる。わたしは食いしん坊なので、シャコ貝を採ってきて、さっそく火で炙ってみた。この火はナマコや魚や貝を薫蒸させるため、ほとんど一日中燻っている。その種火のような上に、ヤシの殻や薪木を乗せ、火を大きくしてシャコ貝を炙った。やがて貝が開き、ジュウジュウと汁が煮えたってきた。これを見ていたセフナットさんのかみさんは、わたしが余程シャコ貝が好きだと思ったのか、おやつにシャコ貝を四つも茹でてきてくれ、夕飯時にはかなり巨大なシャコ貝がまた出てきた。島の人にとっては、シャコ貝もヤシガニもあまり価値ある食べ物ではないようだ。

翌朝、ヤシガニが食べられるというので五時半に目が覚めてしまった。セフナットさんはまだ起きていない。東の空から赤い太陽が燃え立つようにのぼって、朝焼けになった。起きてきたセフナットさんに「雨になりますか?」と聞くと「そう、雨だよ」という。ここでも朝焼けは悪天候の標しらしい。

それよりもヤシガニ。セフナットさんは大きな中華鍋に水を入れ、火にかけ、ほどよく暖まったところで吊されていたヤシガニの紐をほどき、湯の中に入れた。まだピンピンと生きている。カニは湯につかり初めはうっとり(?)としていたが、やがて熱くなり身もだえて絶命してしまった。これを食べるのだから残酷なものだ。

セフナットさんが言うには、はじめに固い殻を割っておくべきだそうで、今回はそれを端折ったので湯がいてから固い殻をスプーンで叩き割った。爪の部分の肉をセフナットさ

上：ヤシガニを茹でる残酷！（2003.8.9）
中：ヤシガニを食べるうまい！（2003.8.9）
下：ニシキエビも食べる（2003.8.9）

んが食べやすいように叩いてくれた。これが何とも美味だ。口中に甘い汁がしみ出し、肉も程良い固さだ。ズワイガニほど柔らかではなく、歯触りも最高で癖がない。かなり多くの肉をいただいた。セフナットさんも適当に食べている。

ヤシガニの格好は何とも形容しがたい。あえて言えばザリガニの爪と胴を巨大にしたような格好である。その尾の部分は、ロブスターの場合は肉がつまっているが、ヤシガニの尾は袋状になっている。そこに肉がつまっていると思いきや、そこにはなんと油のような味噌がつまっている。どろどろとしたこの汁は不思議な味がする。黄土色のどろどろした汁は、甘く油分が多く、ヤシのミルクのような香りが漂う。さすがにヤシを食べているせいなのだろう。こんなわけでヤシガニを満喫した。

右：セフナットさんと孫、
そして村長（2003.8.6）
左：セフナットさん、
妻と娘（2003.8.9）
中：ブロムシ島の
ヤンソーレン村（2003.8.6）
下：ココヤシを植える
NINDJAの津留さん、
セフナットが「指導」
（2004.8.5）

右：ダウィ島（2003.8.9）
左：ブロムシ島、ヤンソーレンの浜（2003.8.6）

セフナットさんは四八歳（二〇〇〇年当時、現在は六二歳）で、口ひげがやや白くなったいかつい感じのおじさんだが、なかなか細やかに気配りをしてくれる人である。笑う時はヒーッ、ヒーッ、ヒーッと何とも可愛らしい笑い方をする。物静かな人で、使い古しの新聞を飽きもせずに読んでいる。*Pikiran Merdeka*（自立の思想）という週刊のタブロイド紙で、表紙にはパプア評議会議長のセイス・エルアイの大きな写真が載っている。

セフナットさんの住まいはビアク島の東南にある二〇ほどの小島からなるパダイド諸島の一つ、ブロムシ（Bromusi）島にある。パダイド諸島は下パダイドと上パダイドに分けられているが、セフナットさんの住んでいるブロムシ島は上パダイドに属し、上パダイドでは一番大きな島だ。といっても東西三キロ、南北五キロほどの珊瑚礁の小さな島でしかない。ビアクの町（ビアク・ヌンフォル県の県庁のある町）からおよそ六〇キロ、ダブル・アウトリガーのロング・ボートに乗ると四時間くらいかかる。

九六年二月に阪神淡路震災以上の規模の地震がビアク島沖で起きた。津波がこの島じまを襲った。しかし幸いなことに、パダイド諸島で亡くなった人は三人だけだった。子どもたちは木に登って命拾いをしたという。

水も交通も不便な島じまだが、海の美しさだけは絶品である。人びとは海に依拠して暮らしている。セフナットさんはブロムシ島のウォスリボの出身で、氏族（マルガ）の長である。このマルガが、ヤシガニを食べたダウィ

ダウィ島のコテージ
（2003.8.10）

（Dawi）島を所有している。この島が土地登記されているのかどうか知らないが、このあたりの人びとは慣習法的にこうした権利を認めつつ暮らしている。ダウィ島はブロムシ島からさらに南東一〇キロほどのところにある無人島である。しかしセフナット・ルンビアク一族の親類縁者はここに滞在し、魚や貝を獲り、ココヤシを収穫する権利があるので、島によく来ている。

実はセフナットさんがルムスラム（Rumsram）というビアクのNGOと協力して、この島にコテージをつくって、エコ・トゥーリストを招き入れようとしているのだ。九五年につくったコテージ二棟は津波で流されてしまい、その後、わたしたち日本のNGOであるNINDJAが資金の一部を拠出して、新しいコテージをつくることになった。わたしはそこに泊めてもらいヤシガニを食べたのである。

白砂の浜を前に、ココヤシの木に囲まれたコテージは、わたしにとっては浮き世から身を遠ざけられる格好の場所のように思えたのだが、セフナットさんとその一族、そして子どもたちが、パプアの現実と島の人びととの暮らしにわたしを引き戻し、引きつけてくれた。

新聞を読み終えたセフナットさんが、コテージのベランダで漫然と海鳴りを聞いていたわたしのそばに来て、パプア大会議の話を聞きたがった。わたしは、コテカ部隊に仰天した話とか、ジャカルタ政府はあまりにも認識が薄いのではないかなどと話した。セフナットさんはこう言った。

「貧しかろうと、食べ物がなかろうと、もはや奴隷でいたくはない。パプア人の多くが独立を望んでいる」

このような言葉がパプア民族歌「ヘイ！タナク・パプア」[33]の一節にあるという。

話はアンボン紛争の惨劇におよび、ジャワのラスカル・ジハド（聖戦部隊）[34]がもしパプアに来ても、パプア人は陸上戦なら絶対に負けないという。それこそコテカ部隊にかなうはずがないというのだ。パプア人意識の強さにびっくりする。セフナットさんはＢＢＣやRadio Australia、さらにはRadio Japanも聞いている。インドネシア共和国放送（ＲＲＩ）は同じようなコメントばかりでまったく面白くないと言う。

辺鄙なパダイドの小さな島でも時代をしっかり見ている人がいる。グス・ドゥール（ワヒド大統領）について聞いてみたら、彼は目は見えないけど、パプアのことが見えているのではないか、と意外に評価されていることがわかった。

パダイドで深刻な問題は、漁業資源の乱獲である。とりわけ九七年のアジア通貨金融危機以降、人びとは高物価にたまりかね、無茶苦茶な漁を行なうようになった。ダイナマイト漁が横行、珊瑚礁がひどく破壊され、浮き魚類はいなくなり、ひどいことになった。以前、魚は海をふさぐほどたくさんいたし、ジュゴンもイルカもいくらでもいた。昨今は台湾船がインドネシア漁船から操業許可証を買収し、このあたりまで漁をしに来ている。珊瑚礁を壊したのはジャカルタの大臣たち、政府、軍人だと断言する。そしてもはや政府は信用できない、これからはＮＧＯがイニシアティブをとる時代だともいう。

33 “Hai Tanahku Papua”は元は1930年代にオランダ人が作曲したとされる曲だが、1961年にニューギニア評議会でパプア人がこの曲を自治政府の「国歌」に決めたといわれている。

34 ラスカル・ジハド（聖戦部隊）は、マルクや中スラウェシ・ポソの騒乱時にジャワ島から遠征した急進派ムスリムの団体。2000年5月にアンボンに船で入り始め、アンボンだけで3000人以上の人が入って騒乱を激しいものにしている。

アマイの浜の伝統家屋
(204.8.14)

セフナットさんは四八歳だが、既に孫が五人もいる。自分の一番小さな娘は他の孫とほとんど同年齢で、何だか不思議な感じだ。

セフナットさんの孫や、ほかの家族の子どもたちが十数人島に来ていた。ちょうど、学校が休みだったのだ。朝から晩まで、子どもたちは実によく遊んでいる。この島には出来合いの玩具もブランコも滑り台も何もない。しかし子どもたちは飽きることなく遊び続けている。親を手伝って水汲みに出たり、ヤシの実を割ったりしている。小学校一年くらいの女の子がヤシの実をパラン(山刀)を使って本当に巧みに開く。別の男の子は、小さなカヌーを自分で修繕して海に出ていく。

子どもたちと一緒に島を一周してみた。一周といっても二キロもない距離だ。白い浜をわいわい叫びながらわたしを先導してくれる。野生の果実を採ってきては食べろという。魚がいるとあれはイカン・パンジャン(ikan panjang サヨリ)、あの小さなのがクパラ・バトゥ(kepala batu カタクチイワシ)、そのウミヘビは毒を持っている、などいろいろと教えてくれる。

上：ダウィ島の子どもたち（2003.8.9）
下：パシ島の子ども（1994.8.4）

浜に木が突き出ていると、そこに登っては、シューティング、フォトと、ビデオとカメラに収まることを要求する。だんだんと頻繁に要求するので、面倒になって、ふりだけして「撮ったよ」と言ってもそれで満足してくれる。

一周して帰ってきて、ビデオを巻き戻し、小さな画面で見せてあげる。これが一番受けた。おばさんたちも集まってきて大騒ぎになる。ソニーがこんなに受けるので、わたしは少ししょげてしまう。日本人なんてそれくらいしか受けるものがないのかもしれない。こうした文化を持ち込むことは、結局は近代機械文明に人びとが向かうのを助長しているにすぎないのだろう。海だって今や完全にヤマハのモーターに支配されている。裸足と裸で創造的に遊び、仕事もする子どもたちに感激するのはたやすいことだが、ともに将来を考えるような付きあい方をしていくことはもっと大事なことだと率直に思った。

おばさんたちは一日中、黙々と働いている。もちろ

上:ナマコを燻す。
ダウィ島(2001.3.27)
下:犬と鶏と豚が平和共存
(1996.3.10)

ん働きづめということはなく、適当にヤシの木陰で寝ていたり、だべっていたりもしている。

おばさんたちの仕事は炊事、洗濯、海産物の加工、ヤシの葉やパンダナス(タコノキ属)の葉の加工などである。ナマコが大きな中華鍋で茹でられている。クズのようなナマコも茹でている。トリパン・スパトゥ(tripang sepatu　靴ナマコ)、トリパン・ゴソック(tripang gosok　磨きナマコ)、トリパン・スス(tripang susu　おっぱいナマコ)など名前がきちっと識別され、値段もわかっている。ナマコは茹でたあと、薪木の上で薫蒸される。そしてさらに日干しにされる。

ここではナマコと一緒に、シャコ貝、貝のヒモ、魚(エイなど)も一緒に薫蒸される。いずれも商品として島外に売りに出される。さらに塩乾魚にも加工する。ナマコはビアクで売るというが、華人にではなくブギス人に売っている。理由はブギス人の方が高値で買ってくれるから、という。

おばさんたちはパンダナスの葉から茣蓙もつくる。パンダナスの葉にある棘をナイフで切り落とし、葉の中軸にある固い繊維を取り除いたあと、くるくると筒状に丸める。加工はそこまでしか見ていないが、このあと、たぶんそれを編みあわせるのだろう。

島では野菜類が育たない。キャッサバですら育たない。パパイヤの葉が唯一の野菜だ。それもほかの島からの持ち込みだ。パペダはサゴヤシからでなく、キャッサバからつくっている。ほかではみな汁の中のクズ状のものを食べるのだが、ここではその汁がない。魚(カツオ)の煮付けと一緒に食べた。

おばさんたちは時々大きな声で子どもを呼んだり、仲間に声をかけたり、歌を歌ったりしている。このにぎやかな声が何とも楽しく陽気だ。夜、沖合を国営汽船会社の定期船ダフォンソロ号が通過した。おばさんの一人が「ダフォンソロ!」と大きな声で叫び、ほかのおばさんも「ダフォンソロ」と叫んでいた。

満月、南風がやや強い夜だ。波がキラキラと光っている。浜には大木が打ち上げられている。マンブラモ河から流れ着いた流木だ。これで家を造ったり、カヌーをつくる。大きなコウモリが向かいのプロウ・ブ

上:子どもたちは踊る(2003.8.9)
下:島の子どもたちが踊る(2003.8.9)

ルン（Pulau Burung　鳥の島）からふわふわと飛んでくる。ヤシの葉ずれの音、潮騒、風の渡る音、それがすべての世界で、人びとが暮らしている。といっても外の世界とは実は濃密に関わって生きているのだ。

上：「鳥の島」の鶏が飛び立つ（2005.8.8）
下：「鳥の島」の夕焼けと鳥

デキー・ルマロペンのYPMD-Papua

パプア州都ジャヤプラから五〇キロほど東の、タナメラ湾に面したカントゥ・ミレナ村を訪れた時（二〇〇四年八月）、「慣習の石」（batu adat）という屋外の円卓会議場を見せてもらった。サークルになったセメントの上に石が一二個、中心に焚き火用丸太が置かれていた。この慣習の石は村にもう一ヵ所あり、そこも一二人が坐れるようになっている。村の大事な会議にはこの石の座席を使うという。

村には八五世帯、三九六人が住んでいる。半漁・半栽培（サゴヤシやイモ類の栽培）に生きる村の政治や慣習法の相談事はこの石の椅子に人びとが集まって決める。話し合いに加わるのはマルガ（氏族）代表など限られた者で、これを民主主義と言っていいのかどうかわからない。既に見たように、村には海の資源採取を一時的に禁止するティアイティキという制度も残っている。

「慣習の石」を見ながら、パプアのNGOの指導者であるデキー・ルマロペンさんのことを思い出していた。これまで何度か本書で登場しているYPMD-Papua（パプア農村発展財団）代表のデキー・ルマロペン（Deky A. Rumaropen）さんである。一九九八年にYPMD-Papuaの代表になっている。それ以前は出身地のビアク島で環境NGOルムスラムの代表だった。わたしたちと知り合うのは一九九四年だからやはり長い付きあいだ。

カントゥ・ミレナの慣習の石
（2004.8.21）

上:踊るパダイド諸島
ダウィ島の子どもたち
(2006.3.8)
下:アマイの浜で地区対抗
踊りコンテスト
(2006.3.8)

そもそもYPMD-Papua(二〇〇〇年までYPMD Irian Jayaと称していた)は一九八四年に設立され、初代の代表はジョージ・アディチョンドロというジャーナリストだった。ジョージは当時週刊誌*Tempo*の記者だったが、NGOに転じ、さらには大学教員になった。スハルト開発政治を告発し、事実上亡命の身でオーストラリアの大学に行き、スハルト後にインドネシアに帰って、相変わらず舌鋒鋭く体制批判を続けてきた。

わたしが初めて訪れたイリアンのNGOがYPMD-Irja(Yayasan Pengembangan Masyarakat Desa Irian Jaya)である。ジャヤプラの町から少し離れたコタラジャというところに事務所がある。中庭には四阿《あずまや》のような吹き抜けの集会室がある。だいたいわたしたちはここで相談事をするし、村のリーダーたちもここで寄り合いのような会議を開いている。

一九八〇年代にはニュースレターの『村だより』を通じてパプア村落部の情報を普及すること、パプア北海岸、ビアク島一帯の村々に飲料水敷設するなどのプロジェクトを中心とした活動を行なっていた。特に飲料水プロジェクトはパプア村落住民から絶大な支持を得て、YPMD-Papuaの名はパプア住民の間で一挙に高まった。USAIDやヨーロッパの財団からも飲料水プロジェクトに資金提供が積極的に行なわれた。八〇年代から九〇年代半ばにかけては、天然資源搾取や移住政策といった問題のアドボカシーを行なった。

一九九二年、バングラデシュのグラミン銀行を参考に、ジャヤプラに民衆信用銀行（BPR=Bank Perkreditan Rakyat）を二店開設。九六年にはビアク島東部にもBPRを一店開設した。

九六年ごろからは住民を対象にした民主化教育を行なった。日本のNGOであるJANNI、続いてNINDJAとのつながりも、一九九二年のINGI（当時はINFID=インドネシア開発国際NGOフォーラム）の国際会議以来のことだ。その交流は現在まで続いている。

デキーさんが代表になった一九九八年からは、民衆経済の発展（Community Based Development）をエントリー・ポイントとして民衆エンパワーメント（People's Empowerment）、Community Based Advocacyに取り組むようになる。オーストラリア留学中だった津留歴子さん（NINDJAメンバー）は、この頃からYPMD-Papuaの有力なスタッフとしても活動するようになり、外務省の草の根無償資金協力で村落女性のエンパワーメントのためのトラック購入事業などを実施した。津留さんの活動は現在も続いており、後に紹介するオルタートレード・ジャパン社の一員として、パプアの住民栽培のカカオを日本に持ってきてチョコレート（カカオ・キタ）を生産し始めている。

デキーさんは大きな体をしているが、心もかなり大きい。何事にも揺らがないように見

下：タブラヌス村の水道プロジェクト（1996.2.13）

える。わたしたちとは二〇年以上の付きあいだが、パプア中で起きていることをいつも掌握し、それなりの考えを持ち、方針を指し示す力がある。パプア独立をけっして否定はしないが、慎重で、ある場合には冷めているように見える。インドネシア〝権力〟の恐ろしさをいやというほど知っている。そしてそれ以上に、パプア人が自立できる力を本当に備えているかどうかを常に問い続けている。

その疑問は二〇〇一年から施行されることになった特別自治法にも向けられる（「自治法」は二五年後の二〇二六年までの効力を持っている）。パプアの独立機運を削ぐためともいえる特別自治権の付与を認める「パプア特別自治法」は、予算配分金の引き上げや、石油ガス・鉱業から得られた収益の七〇％を同州の歳入とする、などの項目が盛り込まれている。たしかに、カネが潤沢になった。

デキーさんは二〇〇六年一一月一五日、早稲田大学で「特別自治実施後のインドネシア・

上：カカオの実をとる子ども
（2011.9.10）
中：YMPDで村のカカオを乾燥
（2012.9.12）
下：ジョン・ジョンガ牧師、
カカオを語る
（2011.9.12）

上：デキー・ルマロペンさん
（2003.8.7）
下：YPMDのスタッフ
パトリシアさん
（2010.1.31）

パプア」という講演で、「自治」の持つ危うさを次のように語っている。

「特別自治法を受けて、二〇〇二年よりイリアンジャヤ州はパプア州と改称。同時に多額の予算が配分されるようになった。毎年約二・九兆ルピア（約二九〇億円）という予算が組まれ、二〇〇八年までには約二一兆ルピアもの予算を得ることができた。……しかし、特別自治法の施行後と施行前では根本的な変化は起きていない。資金はパプアを一時的に経由しているだけで、結局そのお金はジャカルタに戻ってしまう。なぜならば、パプアでは投資の受け皿となる産業がないに等しく、仮に銀行に預けたとしても、その銀行はパプア以外の地域に投資してしまうからだ。……さらに巨額の資金はお金を崇拝するという文化を生み出してしまった。ある県の知事などは民衆のことよりもオランダやカナダ、米国に旅行に行くことに目が向いてしまっている。……こうした状況は草の根レベルにも蔓延している。教育を受けず、文字を読むことができない層も高級な携帯電話を持つようになり、シンガポールなどの都市に買い物に行くことを望み始めている。

これは人びとが能力が二度奪われている状態である。一つは人々が持っている能力に配慮がなされていないということだ。ただお金を与えているだけで、産業振興や人材育成な

上：トラックで野菜を市場に運び、売る
YPMDのトラックプロジェクト
（2003.8.7）
下：ビントゥニ湾
オトウェリの子どもたち
（2006.3.5）

どに全く生かされていない。もう一つは人びとが拝金主義者にさせられていることだ。援助を受けるにはさまざまな条件や決まり事があり、それに従わなければならない。そのために、人びとは必死でさまざまなプロジェクトを作り始めている」

デキーさんは、最後は民衆に依拠した発展を提唱する。だがそのために民衆自らが力をつけなければならない、そのためにNGOのプロジェクトは実施されるべきだと説く。

もう少し抽象化していうと、およそ一九七〇年代まで、「開発」という場合、主として経済開発問題が想定されてきた。そして政策ターゲットとしては、資本不足の発展途上諸国への先進資本主義国からの投資と援助、さらに投資の中味としては工業化のための投資、援助の中味としては大規模インフラ建設支援が想定されていた。投資をし、経済成長を達成し、国民所得のパイを大きくすればその均霑《きんてん》効果[35]（トリックル・ダウン・エフェクト）によって貧困層も豊かになるというのが理論背景にあった。

開発こそが貧困を減らし、社会を安定化させ、福祉向上に寄与する、という公式的な見解に加え、開発のためには多少の犠牲はやむを得ない、軍事政権であれ、開発独裁であれ、

35 均霑効果「霑」は、うるおうという意味。雨が降りその滴が下に降り、共に平等に恩恵や利益 を受けることを均霑効果という。経済学でよく用いられる言葉で、例えば投資をした場合にその効果は皆に平等に及ぶという考え方。しかし実際は不均等な分配につながることが多い。

効率的ならそれでよいとする「開発主義」が世界を巻き込んだのも事実である。東アジアの一部の国・地域の高い経済成長がこの見解を支えてきた。

こうした上からのオーソドクスな開発論にデキーさんは異議を唱える。彼は、援助や協力について、地元でない、よその権力や中央の決定する開発プランではなく、地域主体のプランが優先されない限り開発の悲劇はこれからもいくらでも起きるという。そして官のつくるプランではなく民が主体となったプランでなければならない。一番やっかいなのは、援助を供与する者はカネを持った権力者だということにある。受け手の住民はモノが言えなくなる弱者なのである。カネを持っている者は、往々にして自らの意志、自らのプランを押しつけることになり、持たざる者は権力にひれ伏して恩恵に浴そうとするか、はじき出されるかである。

こうした開発の構造を克服するには民のパワーがカネとは別次元で確立されることだろう。パイが大きくなれば、そのおこぼれは周辺にも及ぶとするトリックル・ダウン・セオリーに対して、パプアの住民と共に活動するデキーさんは「トリックル・アップ」という言葉を使った。民にパワーがある、それを「上」に利益を及ぼそうという発想である。これまで言われてきた「下に利益をこぼれ落ちさせる」(均霑《きんてん》させる)という発想の逆である。この言葉をYPMD-Papuaの教室で聞いた時にはびっくりした。そしてデキーさんという知恵者にますます敬意を払うようになった。デキーさんは糖尿を治した方がいいとも思う。

ブロムシ島の浜
(2003.8.6)

参考文献

❖ＡＰＬＡ編、二〇一二年、『パプア・チョコレートの挑戦』（ＡＴＪあぷらブックレット３）、発売ＡＰＬＡ。

❖アルフレッド・ウォレス、新妻昭夫訳、一九九一年、『マレー諸島――オランウータンと極楽鳥の土地〈上〉〈下〉』筑摩書房（ちくま学芸文庫）。

❖出雲公三作・画、二〇〇一年、『バナナとエビと私たち』岩波書店（岩波ブックレットNo.５５１）。

❖ＩＮＧＩ神奈川シンポジウム実行委員会編、一九九三年、『ＩＮＧＩ神奈川シンポジウム報告書：〝開発〟をひらく：草の根から見たインドネシアの開発と日本』日本インドネシアＮＧＯネットワーク。

❖インドネシア民主化支援ネートワーク、二〇〇三年、『失敗のインドネシア：民主化・改革はついえたのか』（ニンジャ・ブックレットNo.７）、コモンズ。

❖飯田進、二〇〇九年、『魂鎮への道――ＢＣ級戦犯が問い続ける戦争』岩波書店。

❖飯田進、二〇〇八年、『地獄の日本兵――ニューギニア戦線の真相』新潮社（新潮新書）。

❖内海愛子・上杉聰・福留範昭、二〇〇七年、『遺骨の戦後』岩波書店（岩波ブックレットNo.７０７）。

❖奥崎謙三、一九七二年、『ヤマザキ、天皇を撃て！――〝皇居パチンコ事件〟陳述書』三一書房。

❖加東大介、二〇〇四年、『南の島に雪が降る』光文社（知恵の森文庫）。

❖カルメル・ブディアルジョ／リム・スイ・リオン、一九九五年、『インドネシアの先住民族と人権問題――西パプアにみる民族絶滅政策』明石書店（世界人権問題叢書）。

❖川合信司、二〇〇二年、『住民社会と開発援助――インドネシア イリアン・ジャヤ州ドミニ集落の事例』明石書店。

❖久保康之編、一九九九年、『森と海と先住民』ニンジャ・ブックレット、発売コモンズ。

❖濠北方面遺骨引揚促進會（編）、一九五六年、『濠北を征く』濠北方面遺骨引揚促進會。

❖国際連合大学／創価大学アジア研究所、一九八六年、難民問題の学際的研究――アジアにおける歴史的背景の分析とその対策』御茶の水書房。

❖後藤乾一編著、二〇〇一年、『インドネシア　揺らぐ群島国家』早稲田大学出版部。

❖近藤典生・西田誠、一九九八年、『トリバネアゲハの世界』信山社。

❖笹岡正俊編、二〇〇一年、『流血のマルク――インドネシア軍・政治家の陰謀』(ニンジャ・ブックレットNo.5)、コモンズ。

❖笹岡正俊、二〇一二年、『資源保全の環境人類学』コモンズ。

❖佐藤百合編、二〇〇二年、『民主化時代のインドネシア――政治経済変動と制度改革』日本貿易振興会アジア経済研究所。

❖清水靖子、一九九四年、『日本が消したパプア・ニューギニアの森』明石書店。

❖ジュリアン・バーガー(真実・辻野他訳)、一九九二年、『世界の先住民族』明石書店。

❖鈴木隆史、一九九四年、『フカヒレも空を飛ぶ』梨の木舎。

❖高橋宗生編、二〇〇一年、『変動するインドネシア(1996-2000)――政治・経済・社会関連インドネシア語雑誌記事・論文解題』日本貿易振興会アジア経済研究所図書館。

❖田村洋三、二〇〇〇年、『玉砕ビアク島』光人社。

❖鶴見良行、一九九一年、『アラフラ海航海記』徳間書店。

❖鶴見良行、一九九一年、『ナマコの眼』筑摩書房(ちくま文庫)。

❖鶴見良行、一九八七年、『海道の社会史』朝日新聞社(朝日選書)。

❖鶴見良行、宮内泰介編著、一九九六年、『ヤシの実のアジア学』コモンズ。

❖西野照太郎、一九八六年、「太平洋における難民:イリアン・ジャヤ難民問題の場合」国連大学・創価大学アジア研究所共編『難民問題の学際的研究』御茶の水書房。

❖日本インドネシアNGOネットワーク・イリアンジャヤ農村開発センター(YPMD)共編、一九九五年、『インドネシア・イリアンジャヤ州における天然資源の保全およびワイズユースの調査・研究:中間報告書』日本インドネシアNGOネットワーク。

❖畠山重篤、二〇〇六年、『森は海の恋人』文藝春秋社(文春文庫)。

❖平田晴敏、二〇〇一年、『ニューギニアの贈りもの――パプアニューギニアからイリアンジャヤへ』現代書館。

❖深津信義、二〇〇三年、『鉄砲を一発も撃たなかったおじいさんのニューギニア戦記』日本経済新聞社。

❖藤林泰、宮内泰介編著、二〇〇四年、『カツオとかつお節の同時代史――ヒトは南へ、モノは北へ』コモンズ。

❖防衛庁防衛研修所戦史室、一九六七年、『蘭印攻略作戦』戦史叢書3、朝雲新聞社。

❖防衛庁防衛研修所戦史室、一九六九年、『豪北方面陸軍作戦』戦史叢書23、朝雲新聞社。

❖マングンウィジャヤ、Y・B、舟知恵 訳、二〇〇〇年、『イリアン　森と湖の祭り』木犀社。

❖水木しげる、一九九五年、『総員玉砕せよ!』講談社(講談社文庫)。

❖村井吉敬、一九八七年、『スラウェシの海辺から:もうひとつのアジア・太平洋』同文舘。

❖村井吉敬、一九八八年、『エビと日本人』岩波書店(岩波新書)。

❖村井吉敬、一九九八年、『サシとアジアと海世界』コモンズ。

❖村井吉敬、一九九九年、「東南アジアの開発と環境問題」安成哲三・米本昌平編『地球環境とアジア』(講座　地球環境学2)、岩波書店。

❖村井吉敬、二〇〇一年「地方反乱・地方騒乱を考える:主としてマルク、パプアから」財政経済協会『インドネシア開発問題研究会報告書』。

❖村井吉敬、二〇〇二年、「地方騒乱・開発・移住――西・中カリマンタン、中スラウェシ騒乱から考える――」財政経済協会『インドネシア開発問題研究会報告書』。

❖村井吉敬、二〇〇六年、『グローバル化とわたしたち――国境を越えるモノ・カネ・ヒト――』岩崎書店。

❖村井吉敬、二〇〇七年、『エビと日本人II』岩波書店(岩波新書)。

❖村井吉敬、佐伯奈津子共著、一九九八年、、『インドネシア:スハルト以後』岩波書店(岩波ブックレット)。

❖村井吉敬、佐伯奈津子、久保泰之、間瀬朋子共著、二〇〇〇年、『スハルト・ファミリーの蓄財』コモンズ。

❖門田修、一九八六年、『フィリピン漂海民:月とナマコと珊瑚礁』河出書房新社。

❖Allard K. Lowenstein, Elizabeth Brundige, Winter King, Priyneha Vahali. 2004. *Indonesian Human Rights In West Papua: Application of the law of Genocide to the History of Indonesian Control*. Diane Pub Co.

❖Andrew J.Marshall & Bruce M.Benhler. 2007. *The Ecology of Papua. Part One, Part Two*. Periplus.

❖Eliza Kissya. 1993. *Sasi Aman Haru-ukui.* Jakarta: Sejati.

❖Jacques Bertrand. 2003. *Nationalism and Ethnic Conflict in Indonesia.* Cambridge Asia-Pacific Studies.

❖John Saltford. 2006. *The United Nations and the Indonesian Takeover of West Papua, 1962-1969: The Anatomy of Betrayal.* Routledge Curzon.

❖Kleden, Ignas. 1999. "State Violence and Horizontal Conflict: Nation-State vis a vis Ethnic Nationalism", *in http:// www. fortunecity.com/ millennium/oldemill/ 498/ civils/IKleden. Html.*

❖Kongres Papua(ed.). 2000. *The Second National Congress of West Papua.* Panitia Kongres Papua.

❖Peter King. 2004. *West Papua & Indonesia since Suharto; Independence, Autonomy of Chaos?.* University of New South Wales Press.

❖Pieter Drooglever(writer), Theresa Stanton, Marie van Yperen, Marjolijn De Jager. 2010. *An Act of Free Choice: Decolonisation and the Right to Self-Determination in West Papua.* Oneworld Pubns Ltd.

❖Swasono, Sri Edi & Singarimbun, Masri(eds.).1985. *Transmigrasi di Indonesia 1905-1985.* Jakarta:Penerbit Universitas Indonesia.

❖Tabay Neles. 2005. *West Papua: The Struggle for Peace with Justice* (CIIR Comment). Catholic Institute for International Relations.

❖Toru Hisada. 2008. *Indigenous Development and Self-determination in West Papua.* VDM Verlag.

❖United States. Congr. 2012.*Crimes Against Humanity: When Will Indonesia's Military Be Held Accountable for Deliberate and Systematic Abuses in West Papua?.* Hearing Before Books LLC.

❖Werner Goetz. 2012. *West Papua.* Books on Demand.

あとがき

ビントゥニ湾にあるオトウェリ村を訪問した時の記憶が少々禍々《まがまが》しい。二〇〇六年三月のことだ。村ではエビの刺し網漁をやって、この村で氷蔵して外から買いつけに来る業者に売っている。それなりに賑わっている。エビの現況を見るために、オルター・トレード・ジャパンの人二人、ジャヤプラのYPMDの二人、そしてわたしたちNINDJA（インドネシア民主化支援ネットワーク）メンバー四人の大所帯が村にやってきた。村に一泊させてもらうことにした。

夕食までのひと時、Wさんと二人で村の少し奥まったところにあった祈禱・礼拝所のような場所に出かけ、そこを（勝手に）見させてもらった。沖縄の御嶽《うたき》のようなところである。小さな祈禱用の木の台と茶碗があったように思う。祈禱所の裏は深い森につながる。何気ない行ないであったが、どうやら村の人はわたしたちのこの無断の行ないを強く非難していたようだ。

Wさんが四年後に難病を発症した。そのことを聞いたYPMDのスタッフは「やはり」と思ったという。そしてその病気を治すにはオトウェリを再訪しなければならないと言っている。

わたしも二〇一二年に大きな手術を受けることになった。自分も周囲も、予想だにしなかった膵臓ガンだった。幸い手術により膵臓と胆管一部、胆のうを取り除き一応ガンは消えている。わたしは膵臓ガンと医師に聞かされた時「やはりオトウェリか?」と一瞬思った。存外にわたしは科学的で、こんな思いに陥ることは滅多にない。もう一度オトウェリに行かねばならないとすら思っている。

パプアの大きな自然はちっぽけなわたしたちの近代科学観すら簡単に凌駕してしまうような気がする。パプアに二〇回ほど出かけながら「学ぶ」というのはこういうことなのかと思う。わたしがたくさん学んだ鶴見良行さんは一九九四年一二月一六日に六八歳で亡くなっている。鶴見さんから、わたしは「歩くこと」が何なのかを学んだ。ともにマルク諸島、アラフラ海周辺を歩いたが、パプアにまでは来なかった。鶴見良行さんが最後に出向いたのは太平洋の孤島ココス島だった。そこで鶴見さんは人びとのアイデンティティと国民国家の問題を提起している。

パプアでわたしが行きついた問題もアイデンティティや国民国家の問題ではあるが、それ以上に人を取り巻く自然の問題がそこにはある。ややこしいことではない。パプアにいるといつも自然に囲まれ、その雄大さ、その厳しさ、その優しさ、美しさを感じざるを得なくなる。わたしは世界の大都会近郊にいるのでその思いはひときわ強い。人びとのつながりの基礎にもこの自然があるように思える。

オトウェリの〝呪縛〟もそのようなものだ。長い間パプアでNGO活動をしてきた津留歴子さん（現、スラバヤ在住）は、ビアク島でヤギになってしまってジャヤプラまで運ばれたおばあさんの話を真顔で伝えてくれた。いま津留さんの渾身の努力が実ってパプア産カカオをチョコレートにして日本市場で売り出そうとのプロジェクト――カカオ・キタ――が実ろうとしている。パプアの人びとの自立的な地域発展に貢献するプロジェクトだと思っている。

そんなパプアにまだ何度も行きたいと思っている。しかし思わぬ病気でどれだけの時間が残されているものやら不安もある。思わぬ病気、その療養中にこの本の文章を書き、写真選びをしていた。とても楽しいことだと思っていた。自著ではあるがまずこの本に感謝したい。いつもながら、そして病後はとりわけわたしを励ましてくれた人生の同伴者に感謝をこめてこの本を贈りたい。

わたしは二〇一三年三月末に現職を退き自由の身になる（今でもかなり自由だが）。わたしの身を置かせてくれた早稲田大学アジア研究機構は、この本を出版するにあたって多大な支援をしてくださった。機構長小口彦太さんはじめ、機構のみなさまに感謝したい。NINDJAの佐伯奈津子さん、津留歴子さんには、パプアを共にしたことを感謝したい。本書の一部はAPLA（Alternative People's Linkage in Asia）編『パプア・チョコレートの挑戦』（二〇一二年）にわたしが書いた文章の一部が使われている。APLAにも感謝したい。

めこんの桑原さんはあっさりと本著出版を引き受けてくださり、さまざまなアドバイスをいただいた。日本では唯一の東南アジア出版一筋のめこんとのつきあいはパプア以上に長くなった。桑原さんに感謝するとともに、東南アジア一筋のめこんが一層発展することを願いたい。本書のデザインを戸田ツトムさんが引き受けてくださったことは望外の喜びである。たまたま、めこんで出版された松本亮さんの『ジャワ舞踊バリ舞踊の花をたずねて――その文学・ものがたり背景をさぐる』のデザインが目を引き、桑原さんに申し上げたところ、戸田さんにお願いできることになったのである。写真の多い本だけにデザインには特に気を使いたかったが戸田さんは見事に応えてくださった。

本書に登場するデキー・ルマロペンさん、ペトルス・ソウミレナさん、セフナット・ルンビアクさん、その他多くのパプアの友人たちに助けられてわたしのパプア浸りが成り立っている。この人たちがみないつまでも元気でいることを願って本書の幕を引くことにする。

二〇一二年一一月二三日　　村井吉敬

パプアの基本データ(2010年)

	A.パプア州	B.西パプア州	A+B パプア全体	インドネシア
面積(km²)	309,934	115,364	425,298	1,919,440
人口	2,833,381	760,422	3,593,803	237,641,326
人口密度/km²	9.14	6.59	8.45	123.83
人口成長率 1990-2000年平均	…	…	3.22	1.49
人間発展指数	64.94	67.15	…	72.27
民族	先住民族: ビアク人、アスマット人、アムンメ人、コモロ人、ダニ人、ヤペン人など多数のメラネシア系民族グループ 非先住民族: ジャワ人、ブギス人、ブトン人、華人など	先住民族: アルファク人、ワメサ人、サムリ人、イラトゥトゥ人、モイ人、ワウヤイ人など多数のメラネシア系民族グループ 非先住民族: ジャワ人、ブギス人、ブトン人、華人など		ジャワ人(41.7%)、スンダ人(15.4%)、華人(3.7%)、ムラユ人(3.4%)、マドゥラ人(3.3%)、バタック人(3.0%)、ミナンカバウ人(2.7%)など 300以上の民族グループ
言語	インドネシア語 パプア諸民族語	インドネシア語 パプア諸民族語		インドネシア語 諸民族の族語
宗教	キリスト教(プロテスタント 51.2%、カトリック 25.4%)、イスラーム 20%、その他 2.5%	キリスト教(プロテスタントが多数派)、イスラーム、ほか		イスラーム 87.2%、キリスト教(プロテスタント 7.0%、カトリック 2.9%)、ヒンドゥー教 1.7% 仏教 0.7% 儒教 0.1% その他 0.1%
就業構造	農林牧畜74.3%(漁業を含む)、鉱業1.1%、商業8.2%、運輸3.3%、その他13.16%	農林牧畜38.7%、漁業8.1%、鉱業1.4%、商業11.6%、運輸6.6%、その他33.6%		農林牧畜39.9%(漁業を含む)、鉱業1.1%、商業12.1%、運輸5.73%、その他20.5%
地域総生産額(100万ルピア)	89,451,248	22,527,364		5,284,854,286
貧困層比率	31.98%	31.92%		12.49%
時間帯	東部インドネシア時間(UTC+9)	東部インドネシア時間		ジャカルタは西部インドネシア時間(UTC+7)
州都	ジャヤプラ	マノクワリ		ジャカルタ(首都)
行政区分	26県、1市	8県、1市		34州

パプアへどのように入るのか

1.通行許可証

パプアに入域するには警察の発行する通行許可証(Surat Keterangan Jalan/Travelling Permit)が必要になる。これはジャカルタの国家警察本部諜報局か、パプアの大きな警察署(ビアク、ジャヤプラなど)が外国人に対して発行するもので、発行に際しては2枚の写真とパスポートが必要になる。通行許可証の発行に際しては入域場所を書かねばならない。

2.マラリア予防薬について

パプア全域が残念ながらまだマラリア汚染地域である。長期に滞在をする場合にはマラリアの予防薬を持参した方がよいだろう。最近は副作用の少ない薬もある(たとえばドクシサイクリン)。日本で入手するよりインドネシアで買う方がはるかに安い。

3.パプアへ航空機で入る

船でインドネシアの他地域から入る以外は、通常、旅行者は飛行機で入域することになる。

主要な空港は、ビアク(Biak)、マノクワリ(Manokwari)、ジャヤプラ(Jayapura)で、それ以外にファクファク(Fak-fak)、ソロン(Sorong)、ティミカ(Timika)にも他地域からの便があるが必ずしも毎日就航していないので事前に調べる必要がある。

ジャカルタからパプアへの直行便はGarudaおよびLion Airが飛ばしている。所要時間はおよそ6時間半(時差が含まれる)、ジャカルタ(インドネシア)とジャヤプラ(インドネシア)の距離は3775 kmもあるので時間がかかる。

乗継便は東ジャワのスラバヤ(Surabaya)、南スラウェシのマカッサル(Makassar)、マルク(Maluku)のアンボンなどからでも行ける。たとえば、ファクファクに行きたい場合、アンボンから、あるいはマカッサルからも行けるが毎日就航しているわけではないので事前に調べる必要がある。

航空会社もGaruda以外のMerpati、Lion、Batavia Air、Trigana Airなどがあり、 それぞれが異なったルートで飛んでいる。内陸部ではワメナ(Wamena)にはジャヤプラから毎日便がある。それ以外の小さな飛行場に行くには教会の使う便に乗せてもらうか、小さな飛行機会社を探すか、独自にチャーターする以外にない。

内陸部の道路が未整備であるので、ジャヤプラ、メラウケ、ビアク、マノクワリ、ソロンなどの都市近郊以外では、移動には飛行機ないし船を使う以外にない。

4.陸路の入域

パプアニューギニア(PNG)とパプアの間は、唯一、PNGのヴァニモ(Vanimo)とジャヤプラとの間で、国境に入管事務所がある。しかしこの国境に行く交通は車かバイクを雇う以外にない。事前にヴィザを取得しなければならない。あまりこの陸路での入域は勧められない。

5.船

時間に余裕のある人はインドネシア国営汽船会社(PELNI)で入域するのも1つの手である。Jayapura、Biak、Manokwari、Merauke、Sorong、Fak Fakなどの港にはPELNIの定期便が入港している。PELNI以外の船会社も港港を結んでいるが地元でないと情報が入りにくい。

村井吉敬（むらい・よしのり）

一九四三年、千葉県生まれ。

現職　早稲田大学アジア研究機構上級研究員・研究院教授、特定非営利活動法人ＡＰＬＡ共同代表。

略歴　一九七七年早稲田大学大学院経済学研究科博士課程中退
一九七八年上智大学国際関係研究所助手
一九八八年上智大学外国語学部教授
二〇〇八年より早稲田大学アジア研究機構、現在に至る。

専攻　東南アジア社会経済研究、特に東部インドネシアの開発と環境

主な著作
『小さな民からの発想』（時事通信社、一九八二年）
『スラウェシの海辺から』（同文舘、一九八七年）
『エビと日本人』（岩波書店、岩波新書、一九八八年）
『サシとアジアと海世界』（コモンズ、一九九八年）
『スハルト・ファミリーの蓄財』（コモンズ、共著、一九九九年）
『グローバル化とわたしたち』（岩崎書店、二〇〇六年）
『徹底検証ニッポンのＯＤＡ』（コモンズ、共編著、二〇〇六年）
『エビと日本人Ⅱ』（岩波書店、岩波新書、二〇〇七年）
『ぼくの歩いた東南アジア』（コモンズ、二〇〇九年）

市民活動
反公害輸出通報センター、アジア太平洋資料センター（ＰＡＲＣ）、
インドネシア民主化支援ネットワーク（ＮＩＮＤＪＡ）、
ＯＤＡ調査研究所などＮＧＯ活動の中で日本、アジアの環境問題に取り組んできた。

パプアとのかかわり
一九九三年二月以降およそ二〇回にわたって行く。滞在日数は二六〇日ほど。
ジャヤプラのＮＧＯ村落発展財団（ＹＰＭＤ）の世話になっている。

パプア――森と海と人びと

初版第一刷発行 二〇一三年三月一五日
定価二五〇〇円＋税
著者 村井吉敬©
デザイン 戸田ツトム
発行者 桑原晨
発行 株式会社めこん
〒一一三―〇〇三三 東京都文京区本郷三―七―一
電話 〇三―三八一五―一六八八／ファックス 〇三―三八一五―一八一〇
ホームページ http://www.mekong-publishing.com
印刷・製本 太平印刷社
ISBN978-4-8396-0265-9 C0030 ¥2500E
0030-1301265-8347